普通高等教育“十一五”国家级规划教材
《货币金融学》配套学习指导

普通高等教育“十二五”国家级规划教材
《货币金融学》配套学习指导

《货币金融学》学习指导

《HUOBI JINRONGXUE》XUEXI ZHIDAO

主编 殷孟波 许 坤

（第二版）

西南财经大学出版社
中国·成都

图书在版编目(CIP)数据

《货币金融学》学习指导/殷孟波,许坤主编 .—2 版.—成都:西南财经大学出版社,2021.11
ISBN 978-7-5504-5197-1

Ⅰ.①货… Ⅱ.①殷…②许… Ⅲ.①货币和银行经济学—教学参考资料
Ⅳ.①F820

中国版本图书馆 CIP 数据核字(2021)第 234572 号

《货币金融学》学习指导(第二版)

主编 殷孟波 许坤

责任编辑:李晓嵩
责任校对:杜显钰
封面设计:墨创文化
责任印制:朱曼丽

出版发行	西南财经大学出版社(四川省成都市光华村街 55 号)
网 址	http://cbs.swufe.edu.cn
电子邮件	bookcj@swufe.edu.cn
邮政编码	610074
电 话	028-87353785
照 排	四川胜翔数码印务设计有限公司
印 刷	郫县犀浦印刷厂
成品尺寸	185mm×260mm
印 张	13.75
字 数	334 千字
版 次	2021 年 11 月第 2 版
印 次	2021 年 11 月第 1 次印刷
印 数	1—3000 册
书 号	ISBN 978-7-5504-5197-1
定 价	29.80 元

前言

殷孟波教授主编的《货币金融学》是众多高等院校经济学专业课程指定的教材和参考书目，目前已经出版至第四版，但是一直缺少与之相配套的学习指导。为了使读者更好地理解和掌握《货币金融学》的知识要点，并通过练习题的方式加强对教材中知识的巩固，我们结合多年的金融学教学实践、理论研究，根据《货币金融学》（第四版）编写本书。

本书的章节排列和《货币金融学》（第四版）一致，各章的具体安排如下：

（1）教学大纲。教学大纲介绍本章的主要知识点，由教学目的与要求、教学内容梗概构成，可以让读者快速了解和掌握教材对应知识点的主要内容。

（2）重点难点分析。重点难点分析是对每章的重点难点内容的总结，读者可以根据该部分对每章内容进行重点区分，并加以掌握。

（3）习题练习。习题练习是本书的核心部分，由选择题（单项选择题和多项选择题）、名词解释、判断与分析题、简答题和论述题构成，部分章节还包括计算题。读者可以通过对该部分习题的练习，加深对课程内容的理解和掌握，增强自身的知识应用能力。

（4）参考答案。每章章末附有习题参考答案，读者可以根据参考答案判断自己对各章节知识点的掌握程度。

此外，部分章节设置了延伸阅读，读者可以通过延伸阅读加深对知识点的理解和掌握并开阔视野。

本书可以供金融学相关专业本科生、硕士研究生使用，帮助学生学习货币金融学课程；可以作为《货币金融学》教材的辅助教学资料；可以作为相应考试，包括硕士研究生入学考试和相关培训的参考书。

本书由殷孟波、许坤主编，并负责总纂和审定。刘杰老师参与编写各章节。感谢西南财经大学金融学院刘思慧、叶敏、陈瑜、杨振宇，西南财经大学中国金融研究中心郑洲、冯婷、王月对本书编写提供的帮助。

由于编写人员水平有限，加之时间仓促，书中难免有疏漏之处，希望广大读者和学者不吝指正。

殷孟波　许坤

2021 年 9 月于光华

进一步了解《货币金融学》，可扫描下方二维码：

“十二五”普通高等教育本科国家级

规划教材——《货币金融学》介绍

目录

9 第九章 金融监管

10 第十章 货币供给

11 第十一章 货币需求

12 第十二章 中央银行

13 第十三章　货币政策

第一章　为什么要学习货币金融学

一、教学大纲

（一）教学目的与要求

本章主要讨论货币金融学的研究对象、研究方法以及学习这门学科的目的和意义。学习完本章，学生应掌握货币和货币政策在经济运行中的重要性、金融机构的作用和重要性、金融市场的功能和重要性、货币金融学的学习方法、获得金融数据和信息的途径。

（二）教学内容梗概

本章从货币金融学的研究对象、研究方法入手，简明扼要地介绍这门学科的产生原因以及与相关学科之间的关系，同时阐明学习这门学科的意义和一些基本的学习方法。

1. 为什么要学习金融市场理论

（1）债券市场与利率。债券是因资金借贷产生的债权债务关系凭证。债券市场是可以帮助政府和企业筹集资金，并且决定利率水平的场所。因此，债券市场在经济活动中具有十分重要的意义。利率是资金借贷的价格。现实生活中有多种利率，如国债利率、存款利率、贷款利率等。同类债券因期限不同而利率也会有所不同，不同类债券期限相同利率也会不同。利率的变动对家庭、企业、金融机构乃至整个经济社会有巨大影响。

（2）股票市场。股票市场是金融市场中最引人瞩目的一个市场。股票价格的大幅波动常常是人们热衷讨论的话题，因为人们总是想通过股票来迅速致富，但却有可能带来重大损失。股票代表持有者对某家公司所有权拥有的份额，它是一种代表持有者对公司收入和资产占有权的凭证。发行股票并把股票销售给公众是公司募集资金进行生产经营活动的一种重要途径。我国股票市场的波动既与经济发展密切相关，又与金融市场改革密不可分。

（3）外汇市场。外汇市场是不同国家货币流通和交换的场所。外汇市场可以帮助我们获得出国旅游、留学、投资等所需要的其他国家的货币，是资金跨国转移的中介市场。外汇市场的资金供求决定了汇率水平，汇率波动对一国的国际收支会产生重要影响。

2. 为什么要学习银行和其他金融机构知识

金融机构，尤其是银行是货币金融学的重要研究对象。银行和非银行金融机构是使金融市场得以运转的重要中介机构。如果没有金融机构，金融市场就不可能将资金从储蓄者手中转移到投资者手中。因此，金融机构对经济社会发展有重要影响。

3. 为什么要学习货币和货币政策理论

货币是一种在商品和劳务交换的支付中被广泛接受的东西。货币与那些会影响我们日常生活的变量密切联系，进一步也会对宏观经济的健康和稳定有重要影响。

4. 货币金融学的学习方法

货币金融学是经济学、金融学等专业的一门重要课程，学习货币金融学仍离不开经济学的基本方法和工具。大致来说，学习货币金融学需要具有微观经济学和宏观经济学的基础知识，知道需求、供给、均衡、信息不对称等重要概念，掌握总需求和总供给的分析方法。货币金融学以宏观经济学（包括国际金融学）为理论基础，主要研究与货币及其运行相关的内容。金融经济学就其核心研究对象而言，更侧重微观金融领域。

二、重点难点分析

本章作为货币金融学课程的入门章节，主要介绍了货币金融学的研究对象、研究方法和学习的意义等内容。本章的重点难点如下：

（1）学习金融市场理论以及本书最关注的三个金融市场（债券市场、股票市场和外汇市场），这是本章的重点，要认真理解和掌握。

（2）学习银行和其他金融机构知识是本章的重点，对以后各章的学习起到铺垫作用。

（3）学习货币和货币政策理论是本章的重点，对以后各章的学习同样起到铺垫作用。

三、习题练习

（一）单项选择题

1. 一家公司发行股票，意味着（　　）。

A. 向社会公众借款

B. 购买新发行股票的投资者拥有该公司的所有权份额

C. 该公司财务状况不好

D. 定期对投资者进行固定份额的支付

2.（　　）一般是吸收存款并发放贷款的金融机构。

A. 银行　　B. 证券公司　　C. 基金公司　　D. 保险公司

3. 外汇市场是（　　）。

A. 出售有价证券的市场

B. 不同国家之间商品交换的市场

C. 决定利率的市场

D. 不同国家货币流通和交换的场所

4. 在我国，银行不包括（　　）。

A. 股份制银行　　B. 城市商业银行

C. 国家开发银行　　D. 投资银行

5.（　　）是因资金借贷而产生的债权债务关系。

A. 股票　　B. 保险　　C. 债券　　D. 外汇

（二）判断与分析题

1. 股票市场是决定利率的场所。（　　）

2. 保险公司是指吸收存款并发放贷款的金融机构。（　　）

3. 人民币贬值，我们将增加对外国商品的需求，进口增加。（　　）

4. 外汇市场的资金供求决定了汇率水平，汇率在短时间内是不会变化的。（　　）

5. 利率上升，会导致社会总消费上涨，使得社会总需求过剩。（　　）

（三）简答题

1. 除银行外，经济社会中还有哪些重要的金融中介机构？

2. 为什么要学习货币政策理论？

3. 如果货币供给与宏观经济运行的关系长期稳定，那么当货币增长率下降时，物价水平和实际产出将如何变化？

四、参考答案

（一）单项选择题

1. B　2. A　3. D　4. D　5. C

（二）判断与分析题

1. 错误。债券市场是决定利率水平的场所。

2. 错误。银行是指吸收存款并发放贷款的金融机构。

3. 错误。人民币贬值，以外币标价的国外商品会变得相对更加昂贵，因此将减少对外国商品的需求，进口减少。

4. 错误。外汇市场的资金供求决定了汇率水平，并且汇率是在不断波动的。

5. 错误。在宏观层面，利率上升会导致社会总消费下降、社会总投资下降，导致社会总需求不足。

（三）简答题

1. 在我国，银行主要包括国有股份制商业银行及其他股份制商业银行、城市商业银行、农村商业银行、农村信用合作社、村镇银行等。此外，银行还包括政策性金融机构。除银行外，重要金融机构还有保险公司、基金公司、证券公司等。

2. 货币政策对通货膨胀、经济周期、利率等有重要影响。由于这些变量对经济的健康运行非常重要，因此我们需要理解什么是货币政策和如何制定货币政策。

3. 物价水平和货币供给总体上呈现相同的发展趋势，因此当货币增长率下降时，物价水平会降低。当货币增长率下降时，一般情况下会使得实际产出下降，然而并不是每次货币增长率下降之后都会出现实际产出下降的现象。

第二章　货币

一、教学大纲

（一）教学目的与要求

本章主要讨论货币的有关基本理论、货币的定义和职能、货币的发展演变以及货币制度等方面的知识。学习完本章，学生应掌握货币的定义、货币的基本职能、货币的演变、本位货币、区域和国际本位货币、我国的货币及其制度演变。

（二）教学内容梗概

本章主要讨论了货币的概念、货币的演变和本质、货币存在的形式及分类、货币的职能、货币制度及其演变、现代货币制度的建立与发展。

1. 货币的定义

货币在人类历史进程中起着重要的作用，货币是商品经济的产物，货币的产生不仅解决了商品流通中的矛盾，而且促进了经济的发展，使人类社会经历了从商品经济到货币经济，从货币经济到信用经济，从信用经济到金融经济的发展历程。货币形式不断演进，在不同时期其存在形式不同。随着时代的发展，货币的定义越来越模糊。不同的国家对货币数量的统计采用不同的统计标准，同一个国家在不同的时期统计货币的口径也不同。

不同的学说都有其合理的内涵，从货币的本质出发，大多数经济学家依据货币的功能将货币定义为：由国家规定的，在商品或劳务交易中或债务清偿中被社会普遍接受的东西。货币具有普遍的接受性特征。在日常生活中，货币就是人们经常谈到的钱或钞票。

2. 货币与财富、收入的区别

财富是指用于价值储藏的各项资产总和。货币只是财富的一部分，而不是全部。从家庭、个人的角度来看，财富还包括房产、地产、股票、债券、汽车、艺术品等。

收入是指在一段时期内，个人新增的货币量。一段时期通常是以月或年为单位。收入是流量概念，而货币是存量概念，是在某一特定时点上的货币总量。

3. 货币的职能

货币是表现、衡量和实现商品价值的工具。在发达的商品经济社会里，货币执行五种职能：价值尺度、流通手段、支付手段、贮藏手段和世界货币。其中，价值尺度和流通手段是货币的两种基本职能，其他三种职能是在商品经济发展中陆续出现的。

（1）价值尺度。货币具有普遍的接受性，意味着所有的商品或劳务都必须经由货币来表现其价值，使其具有价格。商品或劳务能否流通要看其有没有价格。没有价格的商品或劳务是不能流通的。商品或劳务的价格就是商品或劳务内在价值的货币表现，即值多少钱。“值多少钱”是货币在发挥价值尺度职能。

（2）流通手段。货币发挥价值尺度的功能使商品或劳务具有价格后，就必须依靠现实的货币来完成交换。货币的流通手段职能就是为了实现商品或劳务的交换。货币充当商品交换的流通手段职能，降低了买卖的难度、缩短了交易的时间、节省了交易的成本、增加了交易的可能、提高了交换的效率。

（3）支付手段。货币执行支付手段职能是以信用关系为基础的。由于货币的支付手段职能的存在，当某些商品转手时，相应的货币并没有真正进入流通，而是在支付日期到来的时候，货币才会从买者手中转到卖者手中。于是，当进入流通的商品增加时，流通所需的货币可能不会增加；相反，当进入流通的商品没有增加时，流通所需的货币可能增加。这就是说，货币执行支付手段的职能会影响货币流通。

货币发挥支付手段职能，一方面对现实经济起着促进作用，因为货币的支付手段职能扩大了商品或劳务的交易量，克服了现款交易对商品生产、商品流通的限制；另一方面，货币的支付手段职能又会由于信用关系的过分扩张，或者某些企业生产流转过程出现问题，产生到期不能支付的“脱节”问题。

（4）贮藏手段。暂时退出流通、被人们当成社会财富的一般代表而持有的货币，发挥了价值贮藏手段职能。任何财富或资产都具有价值贮藏功能，如债券、房产、地产、珠宝玉器等。一般财富作为价值贮藏手段，其目的在于保值增值，通过利息、租金、涨价等收益使所有者获利。

（5）世界货币。当经济活动不再局限于一国，出现跨国贸易和结算时，不同国家的经济主体需要一种被共同接受的货币，即世界货币。

在世界贸易中，大多数国家以美元为清偿手段。其他的世界货币还有欧元、英镑、日元和特别提款权等。

4. 货币的演变

（1）商品货币。商品货币也称实物货币，是指作为货币用途的价值和作为非货币用途的价值相等的实物商品，即作为货币价值与作为普通商品价值相等的货币。商品货币是货币最原始、最朴素的形式，是兼具货币和商品双重身份的货币。

（2）代用货币。代用货币是指政府或银行发行的、代替金属货币执行流通手段和支付手段职能的纸质货币，其本身的价值就是所替代货币的价值。代用货币是产生于贵金属货币流通的制度下，主要代替贵金属货币流通的货币符号。代用货币自身的价值低于货币面值，代用货币相当于一种实物收据，一般由政府或银行发行，但要求用足量的金属作为保证，以满足代用货币的随时兑现。

代用货币的作用就是流通。代用货币是金属货币的代用品，货币面值本身代表了相应数额的金属货币。代用货币可以代表金属货币在市场上流通，代用货币的发行依赖于发行方持有的金属货币的数量。随着金本位制的崩溃，代用货币逐渐被信用货币替代。

（3）信用货币。信用货币是随着资本主义商品经济的发展而产生和发展起来的，信用货币是指由国家法律规定的，以国家权力为后盾的，强制流通的，不以任何贵金属为基础的，独立发挥货币职能的货币。目前，世界各国发行的货币基本都属于信用货币。

信用货币是由银行提供的信用流通工具，其本身价值远远低于其货币价值。但与代用货币不同，信用货币与贵金属完全脱钩，不再直接代表任何贵金属。信用货币是货币形式进一步发展的产物，是金属货币制度崩溃的直接结果。

信用货币具有以下特征：

①信用货币是货币的价值符号；

②信用货币是债务货币；

③信用货币具有强制性；

④国家对信用货币进行控制和管理。

（4）电子货币。电子货币（electronic money）是指用一定金额的现金或存款从发行者处兑换并获得代表相同金额的数据，通过使用某些电子化方法将该数据直接支付给交易对象，从而能够清偿债务。

电子货币的特殊性在于：

①货币形态的无纸化（非物化）；

②货币发行主体的多元化；

③货币的非标准化；

④货币流通的国际化和网络化。

5. 货币制度

货币制度是一个国家以法律形式确定的货币流通准则和规范。货币制度在内容上包括规定本位货币和辅币的材料、确定货币单位、规定货币的发行程序和流通办法、确定发行准备和货币的对外联系。

本位货币是一国货币制度规定的标准货币。其特点是具有无限法偿的能力，即用它作为流通手段和支付手段，债权人不得拒绝接受。非本位货币不具有这种能力，当其被用于流通和支付时，超过一定数量的非本位货币，债权人可以拒绝接受，因此被称为有限法偿货币。

货币单位通常是指一个单位的本位货币。它是一个尺度或一个标准。例如，中国目前的货币是人民币，人民币单位是“元”。货币制度的演变过程大致可以划分为两个阶段：金属货币本位制和纸币本位制。

（1）银本位制。银本位制是近代最早实行的货币制度之一。在实行银本位制的国家，政府颁布法令规定白银为币材，由政府的铸币厂铸造的银币为本位货币，在流通中具有无限法偿能力；银币可以自由铸造，自由熔化；白银和银币可以自由输出与输入；纸币和其他货币可以自由兑换银币。

（2）金银两本位制。在金银两本位制下，金币与银币必须有一定的比价。最初这种比价完全由市场价格确定，后来由政府规定。其比价完全由市场价格确定的金银两本位制为平行本位制；其比价由政府规定的金银两本位制为复本位制。平行本位制到复本位制变化的原因是金银市场价格的涨落，使得它们的比价不断波动。从国内来说，这种波动必然使交易双方的某一方受害。从国际上来说，波动必然使黄金、白银对流（国内银价高时，白银流入，黄金流出；相反，国内金价高时，黄金流入，白银流出），从而影响币值的稳定。金银两本位制中的复本位制在历史上存在了相当长一段时间，它是资本主义发展时期（18世纪至19世纪）最典型的货币制度。后来，世界上白银供应激增，国际市场上银价下跌，使得实行复本位制的国家银币充斥，金币减少。在这种情况下，政府不得不规定金币可以自由铸造，银币不能自由铸造，将银币的铸造权完全收归政府，以保持银币与金币的比价稳定。人们把这种金银两本位制称为“跛行本位制”。

（3）金本位制。金本位制的兴起，从货币制度的演变来说，是由于“劣币驱逐良币”规律发挥作用；从物质条件来说，是由于19世纪以后金矿的相继发现，黄金供给大量增加。

典型的金本位制是金币本位制，其特点是政府规定金铸币为本位货币，居民可以自由申请将金块铸造成金币，也可以将金币熔化为金块；流通中的其他货币可以自由兑换为金币；允许黄金在国际上自由输出、输入。由于黄金的价值比较稳定，货币对内对外的价值在较长时期保持不变，从而促进了各国商品经济的发展。这种货币制度兴盛了将近一个世纪，直到1914年第一次世界大战爆发时有的国家才开始废除，因为黄金的产量和储备有限。

金币本位制被废除以后，实行的是金块本位制。金块本位制的特点是政府停止了金币的铸造；不允许金币流通，代替金币流通的是中央银行发行的纸币；纸币的发行必须以金块为准备；货币的价值与黄金保持等值关系，即一元纸币的价值相当于一元纸币的含金量所具有的价值；人们持有的其他货币不能兑换金币，但可以兑换为金块；黄金仍然可以自由输出、输入。

金本位制盛行于19世纪末20世纪初，崩溃于20世纪30年代。因为黄金并非理想货币。第一，黄金的价值难以稳定；第二，黄金在国际上流进、流出难以实现均衡，各国的货币供应量难以与黄金保持固定比例；第三，各国货币之间的比价难以用所含的黄金量做基础确定，固定汇率不能维持。金本位崩溃正是不符合“现代经济的运行要求人们加以管理和调节”的现实反映，这是纸币取代黄金的根本原因。

（4）纸币本位制。纸币货币确立为一种货币制度是在1929—1933年世界经济危机之后。所谓纸币本位制，即一国本位货币采用纸币而不与黄金发生关系。它的特点是：第一，纸币的发行不受黄金准备的限制，其发行量决定于货币管理当局实现货币政策的需要；第二，纸币的价值不决定于黄金的价值，而决定于购买力；第三，纸币的流通完全决定于纸币发行者的信用，如纸币发行者是中央银行，则决定于中央银行的信用；第四，中央银行是政府的银行，政府以法律手段强制社会公众接受，保证纸币的流通。货币制度是对货币运动的约束和规范。其核心内容是稳定币值，促进商品经济的发展。稳定币值的办法是在金币本位制的条件下以贵金属作为保证。在纸币本位制条件下，稳定币值的办法以社会公众提供的资源或资产作为保证。金币本位制中各种货币制度的更替，始终是以谁更适合稳定币值展开的。在纸币本位制下，虽然没有贵金属作为保证，但中央银行发行纸币时，也需有准备金，准备金或者以外汇形式存在，或者以基础货币的形式存在，无论是前者还是后者都是社会公众提供给中央银行的信用。可以说，社会公众提供给中央银行分配的资源或资产是稳定币值的基础，这个基础越扎实，纸币的价值越稳定。

6. 我国货币及其制度的演变

（1）我国货币的演变。据记载，贝是中国最早的货币，始于商朝。随着商品贸易发展，货币需求越来越大，贝已无法满足人们的需要，商朝开始用铜仿制贝。铜币的出现，标志着中国由自然货币向人工锻造货币的重大演变。

从商朝到战国时期，中国的货币形状很多，各诸侯国自铸货币。自秦统一中国后，秦始皇颁布了中国最早的货币法“以秦币同天下之币”，规定全国范围内流通秦国圆形方孔的半两钱，货币实现统一。唐朝改革币制，废除轻重不一的历代古钱，统一铸造“开元通宝”钱。“开元通宝”钱改变了秦汉旧制，“钱文不书重量”，是我国古代货币由文书重量向通宝、元宝的演变。秦朝确定下来的圆形方孔形制，唐朝确定下来的通宝、元宝之称，都一直延续到中华民国时期。

北宋时期，交子出现，中国货币由金属货币向纸币演变。明朝初期推行纸币政策，因通货膨胀，后改为推行白银和铜钱。清朝初期以银锭为主币，清朝后期开始向银圆转化。清朝发行纸币开始有库银准备金、钞本作为凭证。中华民国时期，废除了银圆本位制，实行法币政策，从此我国的钞票从可以兑现的信用货币成为不兑现的纸币。

中华人民共和国成立以来，中国货币主要以纸币为主。随着高新科技和互联网技术日新月异，电子货币开始登上历史舞台。

（2）我国货币制度的演变。我国的货币制度主要经历了四个阶段：铜本位制、银铜复本位制、银本位制和纸币本位制。

（3）人民币制度。我国的人民币制度的主要内容包括：第一，人民币是中国唯一法定货币，具有无限法偿能力；第二，人民币制度是一种不兑现纸币货币制度；第三，人民币的货币基本单位是“元”，辅币单位是“角”，1 元 = 10 角；第四，人民币的发行主体为中国人民银行，限于中国国内流通。

二、重点难点分析

本章是货币金融学课程的入门基础。本章的重点难点如下：

（1）学生要正确理解货币是商品生产和商品交换的产物，是被社会普遍接受的交换媒介，同时也是法定的债务清偿工具。货币在经济中发挥着价值尺度、流通手段、支付手段和价值贮藏的作用。难点在于要理解货币的不同职能对经济的影响。

（2）货币在漫长的发展过程中经历了实物货币、代用货币、信用货币等阶段。经济中使用的货币是建立在信用基础上不能与任何贵金属兑换的信用货币。学生要着重理解为什么信用货币购买力稳定的基础是社会公众提供给中央银行的信用，要保持信用货币的稳定必须对货币数量进行调控。

（3）货币制度的演变也是本章的一个重点难点问题。货币制度经历了银本位、金银两本位、金本位和纸币本位等不同的货币制度。学生要掌握不同货币本位制度的概念和核心内容。学生要正确理解劣币驱除良币的规律及其在本位制度演变中的作用，尤其是对金本位制度的演变、不断削弱和崩溃的原因要有全面的认识，从而为更好地理解在今天信用货币条件下不同汇率制度对货币政策的独立性的影响打下基础。

（4）学生要认真理解现代信用货币形式的发展，尤其是电子货币的发展及其对货币流通带来的新的影响。

三、习题练习

（一）单项选择题

1. 实物货币是指（　　）。

A. 没有内在价值的货币

B. 不能分割的货币

C. 贵金属货币

D. 作为货币价值与普通商品价值相等的价值

2. 货币作为价值尺度所要解决的问题是（　　）。

A. 实现商品的交换

B. 表现特定商品的价值

C. 在商品之间进行价值比较

D. 使人们不必对商品进行比较

3. 商品流通与物物交换的区别在于（　　）。
A. 前者包括许多商品的交换，后者只包括两种商品
B. 前者是指以货币为媒介的商品交换的总体，后者只包括两种商品
C. 前者是指以货币为媒介的商品交换的总体，后者则是不以某种商品为媒介的各种商品之间的交换
D. 前者是指不以货币为媒介的商品交换的总体，后者则是没有货币的两种商品之间的交换
4. 劣币是指实际价值（　　）的货币。
A. 等于零　　B. 等于名义价值　　C. 高于名义价值　　D. 低于名义价值
5. 本位货币是（　　）。
A. 一个国家货币制度规定的标准货币
B. 本国货币当局发行的货币
C. 以黄金为基础的货币
D. 可以与黄金兑换的货币
6. 典型的金银两本位制是（　　）。
A. 金银比价由政府和市场共同决定的金银两本位制
B. 金银的比价由市场决定的金银两本位制
C. 金银的比价由政府规定的金银两本位制
D. 金银比价由银行规定的金银两本位制
7. 跛行本位制是指（　　）。
A. 银币的铸造受到控制的金银两本位制
B. 金币的铸造受到控制的金银两本位制
C. 以金币为本位货币的金银复本位制
D. 以银币为本位货币的金银复本位制
8. 纸币本位制是（　　）的货币制度。
A. 以银行券为本位货币　　B. 可以自由兑换黄金的本位货币
C. 以信用货币为本位货币　　D. 以纸币为本位货币
9. 典型的金本位制是（　　）。
A. 金块本位制　　B. 金汇兑本位制
C. 虚金本位制　　D. 金币本位制
10. 本位货币在商品流通和债务支付中具有（　　）的特点。
A. 有限法偿　　B. 无限法偿
C. 债权人可以选择是否接受　　D. 债务人必须支付
11. 电子货币的出现会使货币发生的变化包括（　　）。
A. 改变为单纯的支付手段
B. 改变为仅仅作为交换媒介
C. 极大地便利了商品流通，但本质上仍然是一般等价物
D. 节约交易成本、提高交易效率的工具

12. 金融工具创新与货币的度量之间的关系是（　　）。

A. 新的金融工具改变了传统金融工具的界限，使金融资产流动性发生了很大的改变

B. 各国不同的金融资产种类不会影响各国货币层次划分的具体内容

C. 一般而言，新的金融工具都是为投资和避险而创造的，其货币性都较弱

D. 一个有效的货币管理体制下，为了避免其对货币的度量的不良影响，金融工具创新都是不被允许的

13. 活期存款的特点包括（　　）。

A. 活期存款与活期储蓄存款的流动性是完全相同的

B. 活期存款在支付时需要先转化为现金

C. 每个家庭和企事业单位都可以持有活期存款

D. 活期存款是通过支票进行支付和流通的

14. 下列选项中，不属于货币的功能的是（　　）。

A. 价值储藏　　B. 避免通货膨胀冲击

C. 支付手段　　D. 流通手段

15. 采用（　　）的支付方式的交易成本最高、效率最低。

A. 商品货币　　B. 代用货币

C. 借记卡　　D. 移动支付

16. 当一国政府的货币控制量和经济发展不一致，使得物价迅速上涨时，货币则不能很好地发挥（　　）的功能。

A. 流动资产　　B. 支付手段

C. 流通手段　　D. 价值贮藏

17. 实现商品和劳务的交换是货币的（　　）职能。

A. 支付手段　　B. 世界货币

C. 流通手段　　D. 价值尺度

18. 信用货币最显著的特征是（　　）。

A. 由国家法律规定的，以国家权力为后盾，独立发挥货币职能

B. 不以任何贵金属为基础，强制流通

C. 发行量受到经济发展的需求制约

D. 商品价值与作为货币的价值是不相同的

19. 目前世界上大多数国家所采用的货币制度是（　　）。

A. 金币本位制

B. 金银两本位制

C. 纸币本位制

D. 不兑现的信用货币制度

（二）多项选择题

1. 相对于银本位制，金银两本位制的优点包括（　　）。

A. 有利于金银币币值的稳定

B. 货币的发行准备更充分

C. 货币的币材更为丰富

D. 可以根据不同交易数额选择支付，便于交易

E. 可以节约金币的使用

2. 货币的支付手段职能包括（　　）。

A. 使商品交易双方的价值的相向运动有一个时间间隔

B. 加剧了商品流通过程中爆发危机的可能性

C. 使进入流通的商品增加时，流通所需的货币可能不会增加

D. 克服了现款交易对商品生产和流通的限制

E. 使商品买卖变成了两个独立的行为

3. 世界货币是指在世界范围内发挥（　　）功能的货币。

A. 价值尺度　　B. 外汇储备

C. 支付手段　　D. 价值贮藏

E. 流通手段

4. 按价值构成划分，货币的形式主要有（　　）。

A. 实物货币　　B. 贵金属货币

C. 信用货币　　D. 铸币

E. 代用货币

5. 纸币可以是（　　）。

A. 信用货币　　B. 代用货币

C. 国家纸币　　D. 铸币

E. 基础货币

6. 现代信用货币可以是（　　）等形式。

A. 钞票　　B. 定期存款

C. 信用卡　　D. 支票存款

E. 电子货币

7. 货币制度的内容包括（　　）。

A. 确定本位货币和辅币的材料

B. 确定本位货币的单位

C. 确定不同种类的货币的铸造、发行和流通方法

D. 确定货币的价值

E. 确定本国货币的发行准备和对外关系

8. 金本位制包括（　　）。

A. 复本位制　　B. 金块本位制

C. 金汇兑本位制　　D. 跛行本位制

E. 金币本位制

9. 在金本位制时代，黄金流进，则会引起（　　）。

A. 信用扩张，通货增加　　B. 本位币汇价上升

C. 物价上涨　　D. 贸易顺差

E. 外汇收入增加

10. 支票存款与现金相比，其特点包括（　　）。

A. 不容易丢失和被窃

B. 便利大额交易，可以节约流通费用

C. 支票可以按所需金额签发，从而免去了找零和清点的麻烦

D. 由于有银行信用的支持，更容易被人接受

E. 具有无限法偿的能力

（三）名词解释

1. 商品货币

2. 代用货币

3. 信用货币

4. 法偿货币

5. 电子货币

6. 货币制度

7. 本位货币

8. 金本位制

9. 金银两本位制

10. 劣币驱逐良币

（四）判断与分析题

1. 作为价值尺度，货币解决了在商品和劳务之间进行价值比较的难题。（ ）
2. 信用货币价值稳定的基础是中央银行提供给社会公众的信用。（ ）
3. 信用货币发挥价值贮藏手段的职能可以提高储蓄的效率。（ ）
4. 信用货币自身没有价值，所以不是财富的组成部分。（ ）
5. 我国货币的发行量决定于央行拥有的黄金外汇储备量。（ ）
6. 在通货膨胀时期，货币是最好的价值储藏手段。（ ）
7. 电子货币能够打破传统货币在流通上的区域界限。（ ）
8. 货币发挥支付手段职能，对现实经济只有促进作用。（ ）

（五）简答题

1. 简述货币的职能。

2. 代用货币与信用货币的价值基础有什么不同？

3. 什么是“跛行本位制”？

4. 简述典型金本位制的特点。

（六）论述题

1. 为什么说黄金并不是理想的货币？

2. 电子货币有哪些特征？

四、参考答案

（一）单项选择题

1. D　2. C　3. B　4. D　5. A　6. C　7. A　8. D　9. D　10. B
11. C　12. B　13. A　14. D　15. B　16. A　17. D　18. C　19. D

（二）多项选择题

1. ACD　2. ABCD　3. ACDE　4. ACE　5. ABC
6. ABCDE　7. ABCE　8. BCE　9. AC　10. BCD

（三）名词解释

1. 商品货币也称实物货币，是指作为货币用途的价值和作为非货币用途的价值相等的实物商品，即作为货币的价值与作为普通商品的价值相等的货币。商品货币是货币最原始、最朴素的形式。商品货币是兼具货币和商品双重身份的货币。

2. 代用货币是黄金等贵金属货币的替代品，代替黄金等贵金属发挥货币的职能。代用货币本身的价值低于其作为货币的价值。

3. 信用货币是由国家法律规定的，强制流通且不以任何贵金属为基础的独立发挥货币职能的货币。信用货币的存在形式主要有纸币（现金）、银行存款、信用卡、电子货币等。

4. 信用货币最显著的特征是作为商品的价值与作为货币的价值是不相同的。信用货币是不可兑现的，只是一种符号，是通过法律确定其偿付债务时必须被接受的，即法偿货币。

5. 电子货币（electronic money）是指用一定金额的现金或存款从发行者处兑换并获得代表相同金额的数据，通过使用某些电子化方法将该数据直接支付给交易对象，从而能够清偿债务。巴塞尔银行监管委员会认为，电子货币是指在零售支付机制中，通过终端设备、不同的电子设备之间以及在公开网络上执行支付“储值”和预付支付机制。

6. 货币制度是一个国家以法律形式确定的货币流通准则和规范。货币制度在内容上包括规定本位货币和辅币的材料、确定货币单位、规定货币的发行程序和流通办法、确定发行准备和货币的对外联系。

7. 本位货币是一国货币制度规定的标准货币。其特点是具有无限法偿的能力，即用它作为流通手段和支付手段，债权人不得拒绝接受。

8. 典型的金本位制是金币本位制，其特点是政府规定金铸币为本位货币，居民可以自由申请将金块铸造成金币，也可以将金币熔化为金块；流通中的其他货币可以自由兑换为金币；允许黄金在国际上自由输出、输入。金币本位制被废除以后，各国普遍实行的是金块本位制。除金块本位制外，金本位制还有金汇兑本位制。

9. 在实行金银两本位制的国家，政府颁布法令规定：金银为币材，以金银铸造的货币为本位货币，具有无限法偿的能力；金银可以自由铸造，自由熔化；金银和金币、银币可以自由输出、输入；纸币和其他货币可以自由兑换金币、银币。在金银两本位制下，金币与银币必须有一定的比价。

10. 劣币是指其作为货币的价值高于作为普通商品的价值的货币；良币是指作为货币的价值和作为普通商品的价值相等的货币。在两种货币可以自由铸造、自由兑换、自由熔化、自由输出和输入的情况下，作为货币的价值高于作为普通商品的价值的货币商品就会被人们纷纷铸造为货币，而作为货币的价值与作为普通商品的价值相等的货币商品就会被人们熔化、输出而被储藏起来从而退出流通。

（四）判断与分析题

1. 正确。货币发挥价值尺度职能就是将所有商品的价值按照统一的价格标准表现为价格，从而使商品价值可以相互比较，便利商品的交换。

2. 错误。信用货币的发行是由中央银行通过信贷方式提供的。信用货币的基础是社会公众向其提供的信用，即社会公众以资产或资源提供给中央银行进行分配。社会公众提供的资源越多，纸币发行的基础就越稳定。

3. 正确。任何财富或资产都有价值储藏功能，但货币是一种流动性最好、安全性最高的价值储藏形式。实物货币被作为价值储藏时，其作为商品的使用价值就被浪费了。信用货币是一种价值符号，其价值和使用价值是相分离的。信用货币在发挥货币价值职能时，其对应的社会资源仍可以被人们应用，因此信用货币发挥价值储藏手段可以提高储蓄的效率。

4. 错误。信用货币本身虽然没有价值，但能够发挥货币的所有职能，是价值和一般财富的代表，是直接的购买手段，随时可以进入流通与其他形式的财富相交换，具有保值增值功能。因此，信用货币构成了社会财富的一部分。

5. 错误。外汇储备是引起信用货币发行增加的因素之一，但现代信用货币的发行并不需要任何黄金外汇作为发行准备。信用货币的发行数量是由中央银行根据经济发展的水平和保证商品或劳务的价格的基本稳定来决定的。适度控制货币发行量，避免其过多或过少对经济造成的不良影响，才是决定货币发行量的关键内容。

6. 错误。一国只有当商品和劳务价格基本稳定，货币的价值贮藏职能才能有效发挥。

7. 正确。电子货币的特殊性在于货币流通的国际化和网络化，因此能够打破传统货币在流通上的区域界限。

8. 错误。货币发挥支付手段职能，一方面，对现实经济发展起着促进作用，因为它扩大了商品和劳务的交易量，克服了现款交易对商品生产、商品流通的限制；另一方面，由于信用关系的过分扩张，或者某些企业生产流转过程出现问题，出现到期不能支付的“脱节”问题。

（五）简答题

1. 货币的职能，即货币在人们经济生活中所起的作用。在发达的商品经济社会中，货币执行五种职能：价值尺度、流通手段、贮藏手段、支付手段和世界货币。其中，价值尺度和流通手段是货币的两种基本职能，其他三种职能是在商品经济发展中陆续出现的。

商品或劳务的价格就是商品或劳务内在价值的货币表现，即值多少钱。“值多少钱”是货币在发挥价值尺度职能。货币发挥价值尺度的职能，使商品或劳务具有价格后，就必须依靠现实的货币来完成交换。货币发挥流通手段职能就是为了实现商品或劳务的交换。一手交钱，一手交货，这是货币在发挥流通手段职能。货币发挥支付手段职能，就是通过合约的方式，解决钱货交易分离，即一定时期后付款或交货的方式。暂时退出流通，被人们当成社会财富的一般代表而持有的货币，发挥价值贮藏手段职能。世界货币是指货币跨出一国国界，在世界范围内执行价值尺度、流通手段、支付手段、价值贮藏的职能。

2. 信用货币是独立的货币形式，其价值取决于它的购买力，它稳定的基础是社会公众向货币发行者提供的资源和资产的数量。代用货币是代替金属货币流通的货币，它的价值决定于它所代表的金属货币的价值。

3. 跛行本位制是金银双本位制的一种演变形式。其背景是世界白银供应激增，市场银价下跌，使得实行复本位制的国家银币充斥流通，金币减少。跛行本位制的特点是金币可以自由铸造和自由熔化，银币不能自由铸造和自由熔化，将银币的铸造权收归政府以保持金银币比价的稳定。

4. 典型的金本位制就是金铸币本位制。在这种货币制度下，流通中的本位货币是金币，金币可以自由铸造和自由熔化，流通中的纸币可以自由地与金币兑换，黄金在国际上可以自由输出、输入。

（六）论述题

1. 第一，黄金的价值难以稳定。金价主要受市场上黄金供求关系的影响。因为黄金既是货币又是一般商品，其作为货币，价值要求稳定；其作为一般商品，价格受供求关系影响。当黄金的价格受供求关系影响波动时，其他商品的价格也随之波动。在这种情况下，黄金就难以用固定的尺度把其他商品的价值表现为金价格，因此黄金不是理想的货币。

第二，黄金在国际上流入、流出难以实现均衡，各国的货币供应量难以与黄金保持固定比例。当黄金流出时，信用紧缩，政府为了减少这种局面对经济的影响，扩张信用，货币供给增加，物价上涨，发生贸易逆差，政府卖出外汇以制止本币汇价下跌和黄金流出。在这种情况下，政府干预不能实现黄金在国际上的自由流入、流出均衡，也就是使各国的货币供应量难以与黄金的储备保持恰当比例。

第三，各国货币之间的比价难以用所含的黄金量作为基础确定，固定汇率不能维持。主张实行金本位制以黄金作为理想的货币者认为，国与国之间的货币比价应当以所含黄金量作为基础，从而保持汇率的稳定。但是这难以解决对外汇率稳定与国内物价上涨的矛盾。如果一个国家为了刺激本国经济增长，实行扩张的货币政策，在拉动经济增长的同时也使得国内商品价格上涨，国内物价上涨导致出口下降，经济增长放缓。为了维持出口量，国家客观上要求变动汇率，如果汇率按黄金平价固定不动，那么货币政策实施效果将大打折扣。

以上三点说明黄金并非理想的货币，这是从货币本身来考察金本位制退出历史舞台的原因。

2. 电子货币具有货币的基本属性，主要用于小额交易，在商品交易支付中，具有自主性、交易条件一致性、交易方式独立性、交易过程可持续性等特征。电子货币还具有以下特殊性：

（1）货币形态的无纸化（非物化）。电子货币不同于以往的货币以一种物化的形式表现出来，电子货币储存在信息卡里，没有其他外在的表现形式，不需要借助任何实体。

（2）货币发行主体的多元化。电子货币可以由中央银行、一般金融机构与非金融机构发行，后者的发行比重占绝大部分。

（3）货币的非标准化。传统货币是标准货币，而电子货币大部分是由不同的机构自行设计的具有个性化特征的产品，其担保依赖于发行者自身的信誉与资产，面临的风险并不一致；同时，其使用范围受到设备条件、相关协议的限制。

（4）货币流通的国际化和网络化。电子货币打破了传统货币在流通上的区域界限，随着经济的国际化和全球化，电子货币逐渐成为未来货币的主要表现形式。

第三章　金融体系概览

一、教学大纲

（一）教学目的与要求

本章主要讨论金融体系的功能、金融市场概况、金融中介机构概况以及对金融体系的管理。学习完本章，学生应掌握金融体系的构成、金融体系的功能、金融市场的分类、主要的资本市场和货币市场、主要的金融中介机构、金融体系监管的机构和内容。

（二）教学内容梗概

1. 金融体系的构成与功能

（1）金融体系的构成。金融体系是一个包括金融市场、金融市场的参与者、参与者交易的金融工具内在的系统。金融体系主要由金融市场、金融中介等构成。

金融市场是金融体系中各类行为主体进行金融交易的场所，在金融系统中发挥着至关重要的作用。金融中介是专门从事各种金融活动的组织，是以货币资金为经营对象，从事货币信用、资金融通、金融交易以及相关业务的法人机构。

（2）金融体系的功能。金融体系的功能如下：

①融通资金。金融体系的基本功能之一是促进资金由盈余的一方向短缺的一方流动，促使储蓄向投资转化，实现资金融通。资金融通活动可以采取两种方式完成：一是直接融资，二是间接融资。直接融资是指货币资金需求者与货币资金供给者之间直接发生的信用关系，双方可以直接协商或在金融市场上由货币资金供给者直接购入货币资金需求者发行的债券或股票，完成资金的融通。间接融资是指货币资金需求者与货币资金供给者之间间

接发生的信用关系，即这种资金融通需要通过各种信用中介机构来进行。用于直接融资方式的金融工具称为直接金融工具，如股票、债券等；用于间接融资方式的金融工具称为间接金融工具，如存款单、人寿保险单等。

②支付结算。金融体系的支付结算功能是指金融体系为企业、家庭等微观主体提供支付结算服务或途径，以帮助其完成商品或劳务的交易。

③聚集资金。在现代经济中，许多投资项目所需的资源往往超过个人、家庭甚至家族的积累能力。金融体系通过股票市场的股份分割和银行的储蓄功能可以聚集众多个人和家庭的财富，从而形成大笔的资本金来满足投资的需要。

换一个角度来看，金融体系的股份分割和储蓄功能也为个人或家庭参与超出自己能力的大型投资项目提供了机会。

④风险管理。金融体系能提供多种风险管理的方法。例如，保险公司应用大数法则，通过经营风险获取收益；商业银行通过聚集储户存款进行分散化投资，使得储户投资风险降低。

⑤提供信息。金融体系提供的价格信息通过各种渠道传送给企业和个人，有助于企业和个人做出正确的投资、消费或就业的决策。

2. 金融市场

（1）金融市场的分类。金融市场主要有以下几种分类：

①债务市场和股权市场。根据所交易的金融工具的不同划分，金融市场可以分为债务市场和股权市场。所谓债务市场，就是债务类金融工具交易的市场，如债券市场、抵押票据市场等；所谓股权市场，就是股权类金融工具交易的市场，最典型的股权市场就是股票市场。

②一级市场和二级市场。一级市场是企业或政府向投资者出售新发行的债券和股票等证券的金融市场，二级市场是投资者相互之间交易过去发行的证券（二手证券）的金融市场。

③货币市场和资本市场。根据金融市场上交易的证券的期限不同划分，金融市场可以分为货币市场和资本市场。货币市场是短期债务工具（期限为 1 年以内）交易的金融市场；资本市场是中长期债务工具（期限在 1 年及 1 年以上）和股权工具交易的市场。货币市场证券相对于资本市场证券来说，一是流动性更强，二是价格波动更小，因此是一种较为安全的投资。

货币市场主要包括商业票据市场、银行承兑汇票市场、同业拆借市场、短期国债市场、大额存单市场等。资本市场主要包括政府债券市场、公司债券市场、股票市场等。

（2）金融市场国际化。金融市场国际化是当今金融市场发展的一个重要趋势。对筹资者（赤字部门）而言，金融市场国际化意味着筹资者不仅可以在国内市场发行证券以筹措资金，而且可以在国际市场上发行证券以筹措资金；对投资者（盈余部门）而言，金融市场国际化意味着投者不仅可以在国内金融市场寻找投资机会，而且可以在国际市场上寻找投资机会。金融市场国际化的两个重要表现是国际债券市场的兴起和世界股票市场的发展。

3. 金融中介机构

（1）商业性金融机构。商业性金融机构包括商业银行、节俭储蓄机构、投资银行、保险公司、养老基金以及投资基金等。其中，商业银行主要通过吸收居民、企业等社会存款，用于发放工商业贷款、住房抵押贷款、消费贷款以及购买政府债券等。节俭储蓄机构与商业银行的区别在于，前者以家庭和个人为服务对象，后者的服务对象主要是工商企业。投资银行是承销发行债券、股票和参加向投资者销售证券的发行辛迪加的金融机构。保险公司大致可以分为两类，即人寿保险公司和财产与意外保险公司。养老基金是一种向加入基金计划的人们提供养老金的金融机构。其资金来源于两方面：一是雇主的缴纳和雇员工资的扣除，二是基金收入的投资收益。投资基金按其组成形式不同划分，可分为公司型投资基金和契约型投资基金；按其股份资本的可变与不变划分，可分为封闭型投资基金和开放型投资基金；按其投资对象不同划分，可分为股票基金、债券基金与货币基金等。

（2）政策性金融机构。政策性金融机构是指那些由政府创立、参股、支持或担保的，不完全以营利为目的的，专门为贯彻政府的社会经济政策或意图，在特定的业务领域内，直接或间接从事融资活动，充当政府发展经济、促进社会进步、进行宏观经济管理的金融机构。

1994 年，我国设立了国家开发银行、中国进出口银行、中国农业发展银行三大政策性银行，均直属国务院领导。国家开发银行主要承担国内开发型政策性金融业务，中国进出口银行主要承担大型机电设备进出口融资业务，中国农业发展银行主要承担农业政策性扶植业务。2008 年，国家开发银行转型为商业银行；2015 年，国家开发银行被明确定位为开发性金融机构。

4. 金融体系的监管

金融监管是一个国家和地区的金融管理当局依法对金融机构进行监督管理活动的总称。金融监管的主要目标是确保金融机构的稳健运作，降低金融机构的个别风险和金融市场的系统性风险，维护金融业的稳定和安全。

我国金融体系中主要的监管机构和监管内容如表 3-1 所示。

表 3-1 我国金融体系中主要的监管机构和监管内容

监管机构	监管对象
中国人民银行	制定及实施货币政策 监管金融市场
国家外汇管理局	经常项目外汇管理 资本项目外汇管理 外汇储备管理

表3-1(续)

监管机构	监管对象
中国银行保险监督管理委员会	政策性银行 国有商业银行 资产管理公司 股份制商业银行 城市商业银行 城市信用社 农村商业银行 农村信用社 邮政储蓄银行 外资银行 信托投资公司 财务公司 金融租赁公司 人寿保险公司 财产保险公司 养老保险公司 汽车保险公司 信用保险公司 农业保险公司 再保险公司
中国证券业监管管理委员会	证券公司 基金管理公司 上市公司 证券/期货交易所 证券登记公司

二、重点难点分析

本章的主要内容是金融体系的构成及其功能、金融中介机构和金融管理体系等。本章的重点难点如下：

（1）学生要深刻掌握金融体系的构成、金融体系的功能。直接融资和间接融资是融资的两种形式，学生要认真理解与掌握间接融资和直接融资的区别及其在资金融通中的不同作用。

（2）学生要掌握金融市场的分类。按金融市场上交易的证券的期限长短不同划分，金融市场可以分为货币市场和资本市场。典型的货币市场有商业票据市场、银行承兑汇票市场、同业拆借市场、短期国债市场、大额存单市场等；典型的资本市场有政府债券市场、公司债券市场、股票市场等。

（3）学生要熟悉金融中介的类型。金融中介机构包括商业银行、节俭储蓄机构、投资银行、保险公司、养老基金、投资基金以及政策性金融机构。

三、习题练习

（一）单项选择题

1. 收入大于支出的经济单位可以称为（　　）。

A. 赤字单位　　B. 盈余单位

C. 投资单位　　D. 融资单位

2. 支出大于收入的经济单位可以称为（　　）。

A. 赤字单位　　B. 盈余单位

C. 投资单位　　D. 融资单位

3. 间接融资中资金的最终供需双方（　　）。

A. 要发生直接借贷关系

B. 需要通过金融中介机构发生直接联系

C. 不发生直接联系

D. 需求方要签发自己的债务凭证给资金的最终供给方

4. 间接融资的标志在于金融中介机构是否发行自己的（　　）。

A. 股票　　B. 债券　　C. 汇票　　D. 债权债务凭证

5.（　　）是提供金融服务和产品的企业。

A. 金融市场　　B. 金融体系

C. 金融中介　　D. 金融工具

6. 直接融资的投资收益与间接融资的收益相比较，一般（　　）。

A. 要高　　B. 要低　　C. 持平　　D. 不确定

7. 直接融资中资金盈余单位承担的风险与间接融资相比较（　　）。

A. 要高　　B. 要低　　C. 基本相同　　D. 不确定

8. 国际金融机构是（　　）的国际机构。

A. 与商业银行没有区别　　B. 不以营利为目的

C. 协调各国政府金融政策　　D. 代表国家财政

9. 投资银行在英国被称为商人银行，在日本被称为（　　）。

A. 商业银行　　B. 证券公司

C. 信托机构　　D. 投资基金

10. 金融市场是（　　），发挥着吸收分配储蓄、确定利率与金融资产价格的作用。

A. 重要的金融机构　　B. 不可或缺的金融组织

C. 管理金融体系的机构　　D. 金融体系的中心

11. 商业银行又称为（　　）。

A. 储蓄银行　　B. 投资银行

C. 贷款银行　　D. 存款银行

12. 金融市场按照交易工具（　　）的不同划分，可以分为资本市场和货币市场。

A. 发行方式　　B. 契约性质

C. 交易场所　　D. 到期时间

13. 商业银行提供的产品主要有（　　）。

A. 股票和债券　　B. 贷款和存款

C. 股票和存款　　D. 基金和贷款

14. 商业银行等金融中介机构向社会公众借款，然后将资金贷款给融资者，属于（　　）。

A. 间接融资　　B. 直接融资

C. 理财计划　　D. 信托计划

15. 中国企业在英国发行债券，并以人民币计值的债券被称为（　　）。

A. 英国债券　　B. 欧洲债券　　C. 欧洲美元　　D. 外汇

16. 下列选项中，对于一级市场和二级市场的描述正确的是（　　）。

A. 一级市场是长期证券交易的市场，二级市场是中短期证券交易的市场

B. 一级市场是直接融资的市场，二级市场是间接融资的市场

C. 一级市场是交易新发行证券的市场，二级市场是交易过去发行的证券的市场

D. 一级市场是上海证券交易所，二级市场是深圳证券交易所

17. 下列选项中，对于债务市场和股权市场的描述正确的是（　　）。

A. 债务人承担的风险高，但是收益也高

B. 股权人持有的是剩余索取权

C. 股权人能够获得发行者承诺按期的还本付息

D. 债权人能够直接从企业的盈利或资产价值增长中获益

18. 下列选项中，属于存款性金融机构的有（　　）。

A. 财产保险公司　　B. 投资基金公司

C. 投资银行　　D. 商业银行

19. 下列选项中，属于直接融资的有（　　）。

A. 某人购买保险公司的一份寿险，保险公司将钱用以投资

B. 某人在银行存入一笔资金，银行再对企业放贷

C. 某人通过证券公司手机应用程序买入一家公司的股票

D. 以上各项都不属于

20. 下列选项中，属于间接融资的有（　　）。

A. 某人在银行存入一笔资金，银行再对企业放贷

B. 某人通过证券公司手机应用程序买入一家公司的股票

C. 某人在交易商手中买入某公司发行的债券

D. 以上各项都不属于

（二）多项选择题

1. 金融体系中资金融通的渠道主要有（　　）。

A. 国际融资　　B. 直接融资

C. 债券融资　　D. 间接融资

E. 股权融资

2. 中国当前的金融监管体系由（　　）构成。

A. 中国外汇监督管理委员会　　B. 中国人民银行

C. 中国证券监督管理委员会　　D. 中国期货监督管理委员会

E. 中国银行保险监督管理委员会

3. 契约性储蓄机构包括（　　）。

A. 金融公司　　B. 互助储蓄银行

C. 保险公司　　D. 共同基金

E. 养老基金

4. 在经济体系中运行的市场由（　　）构成。

A. 要素市场　　B. 自由市场

C. 产品市场　　D. 外汇市场

E. 金融市场

5. 货币市场基金的主要交易对象有（　　）。

A. 大额可转让存单　　B. 商业票据

C. 同业拆借　　D. 长期政府债券

E. 银行承兑汇票

6. 金融中介机构的主要功能是（　　）。

A. 管理风险　　B. 解决信息不对称问题

C. 聚集资源和分割股份　　D. 增加投资者收益

E. 降低交易成本

7. 下列选项中，属于金融机构的是（　　）。

A. 保险公司　　B. 中央银行

C. 合作社　　D. 养老基金

E. 互助储蓄机构

8. 间接融资的主要优点有（　　）。

A. 减少获取信息和合约的成本

B. 可以通过投资的多样化减少风险

C. 资金盈余单位承担的风险较高

D. 对资金盈余单位的投资专业知识和技能要求较高

E. 可以实现资金期限的转移

9. 资本市场主要包括（　　）。

A. 政府债券市场　　B. 公司债券市场

C. 股票市场　　D. 短期国库券市场

E. 大额存单市场

10. 国际金融机构包括（　　）。

A. 国际货币基金组织　　B. 世界银行

C. 国际开发协会　　D. 国际金融公司

E. 亚太经合组织

（三）名词解释

1. 金融体系

2. 金融市场

3. 金融中介

4. 直接融资

5. 间接融资

6. 一级市场

7. 货币市场

8. 资本市场

9. 政策性金融机构

10. 国际金融机构

（四）判断与分析题

1. 直接融资成本与资金融入方的信用无关。 （ ）
2. 一般而言，金融市场是金融体系的中心。 （ ）
3. 金融体系可以实现跨时空转移资源。 （ ）
4. 直接融资就是指以金融机构作为信用中介而进行的融资。 （ ）
5. 对投资者而言，债券的风险比股票大，因为债券没有剩余索取权。 （ ）
6. 债券是发行者的资产，是购买者的负债。 （ ）

（五）简答题

1. 简述金融市场国际化的表现形式。

2. 试比较直接融资和间接融资的区别。

3. 简述同业拆借市场的交易对象及特点。

4. 金融市场有哪些主要分类?

5. 比较债务市场和股权市场、一级市场和二级市场、货币市场和资本市场的区别。

(六) 论述题

1. 试述金融体系的功能。

2. 金融机构有哪些?试阐述其各自的特点。

四、参考答案

(一) 单项选择题

1. B	2. A	3. C	4. D	5. C	6. A	7. A	8. C	9. B	10. D
11. D	12. D	13. B	14. A	15. B	16. C	17. B	18. D	19. C	20. A

(二) 多项选择题

1. BD	2. BCE	3. BE	4. ACE	5. ABCE
6. BE	7. ABCDE	8. ABE	9. ABC	10. ABCD

（三）名词解释

1. 金融体系是一个包括金融市场、金融市场的参与者、参与者交易的金融工具的内在系统。金融体系主要由金融市场、金融中介等构成。

2. 金融市场是金融体系中各类行为主体进行金融交易的场所，在金融系统中发挥着至关重要的作用。

3. 金融中介是专门从事各种金融活动的组织，是以货币资金为经营对象，从事货币信用、资金融通、金融交易以及相关业务的法人机构，如商业银行、保险公司、证券公司等。

4. 直接融资是指货币资金需求者与货币资金供给者之间直接发生的信用关系。双方可以直接协商或在金融市场上由货币资金供给者直接购入货币资金需求者发行的债券或股票完成资金的融通。

5. 间接融资是指货币资金需求者与货币资金供给者之间间接发生的信用关系。这种资金融通需要通过各种信用中介机构来进行。信用中介机构发行各种形式的金融工具如存款单给货币资金的供给者，获得资金以后，再以贷款或投资的形式购入货币资金需求者的债务工具，以此方式来处理货币资金供给者与货币资金需求者之间的资金融资。

6. 一级市场是企业或政府向投资者出售新发行的债券和股票等证券的金融市场。

7. 货币市场是短期债务工具（期限为 1 年以内）交易的金融市场。货币市场主要包括商业票据市场、银行承兑汇票市场、同业拆借市场、短期国债市场、大额存单市场等。

8. 资本市场是中长期债务工具（期限在 1 年及 1 年以上）和股权工具交易的市场。资本市场主要包括政府债券市场、公司债券市场、股票市场等。

9. 政策性金融机构是指那些由政府创立、参股、支持或担保的，不完全以营利为目的，专门为贯彻政府的社会经济政策或意图，在特定的业务领域内，直接或间接地从事融资活动，充当政府发展经济、促进社会进步、进行宏观经济管理的金融机构。

10. 国际金融机构是维持国际货币制度正常运转及国际货币合作，协调各国货币政策或处理国际金融事务的金融机构。主要的国际金融机构有国际货币基金组织、世界银行、国际开发协会和国际金融公司。

（四）判断与分析题

1. 错误。资金融入方的信用度或知名度较高，其债券或股票的发行就要相对容易，发行价格也会相对较高，融资成本就可以降低。

2. 正确。金融市场可以吸收分配储蓄，并确定利率和金融资产价格，因此金融市场是金融体系的中心。

3. 正确。金融体系可以使人们的消费和投资在时间上进行转换，将未来的收入提前使用，或者把当下的收入推迟支出，以提高消费和投资的效率。人们也可以利用金融体系在不同的地点转移资源。

4. 错误。直接融资是指最后借款人和最后贷款人之间直接进行的融资。金融机构在直接融资中仅仅是提供代理性质的中介服务，而不是作为信用中介，即不发行自己的负债（间接证券）来吸收资金，也不创造自己的债权来提供信用。

5. 错误。股权人承担的风险比债权人承担的风险高，因为股权人能够直接从企业的盈利或资产价值的任何增长中获益，而债权人只能获得发行人承诺的按期还本付息。

6. 错误。债券是发行人的负债，是购买者的资产。

（五）简答题

1. 金融市场国际化是当今金融市场发展的一个重要趋势。金融市场国际化的两个重要表现是国际债券市场的兴起和世界股票市场的发展。国际债券市场上的传统工具是外国债券，即在国外发行并以该国货币计值的债券。世界股票市场的发展之所以被看成金融市场国际化的重要表现，是因为股票市场在世界范围内的发展为国内公司在外国发行股票筹措资金提供了可能。

2. 直接融资是指最后借款人和最后贷款人之间进行的融资；间接融资是由金融中介机构以自己的债务换取最后贷款人的资产，再以自己的债权向最后借款人提供信用。

区别这两种融资不在于是否有金融机构的介入，而在于金融机构是否发挥了信用中介作用，即金融机构是否通过发行间接证券承担了债权和债务，充当最后放款人的债务人和最后借款人的债权人。

3. 同业拆借市场是指金融机构之间为调剂短期资金余缺而相互融通的市场。其交易对象为各金融机构的多余头寸，因资金不足而借入称拆入，因资金盈余而贷出称拆出。其特点是交易频繁且量大；以隔夜交易为主，即大多进行以一日为期的拆借，这类拆借通常不需要担保品；拆借时间超过隔夜的是通知贷款，这类拆借一般要求拆入方提供有价证券为担保品。

4. 按照不同的划分标准，金融市场有不同的分类。根据所交易的金融工具的不同划分，金融市场可以分为债务市场和股权市场；根据发行和交易中的地位不同划分，金融市场可以分为一级市场和二级市场；根据金融市场上交易的证券的期限不同划分，金融市场可以分为货币市场和资本市场。

5. 债务市场就是债务类金融工具交易的市场，如债券市场、抵押票据市场等；股权市场就是股权类金融工具交易的市场，最典型的股权市场就是股票市场。债务工具是一种契约协定，债务工具的发行者承诺按期向持有人还本付息，体现的是一种借贷关系；股票则是分享一个企业净收益和资产权益的凭证，代表着对企业的所有权。

一级市场是企业或政府向投资者出售新发行的债券和股票等证券的金融市场，二级市场则是投资者相互之间交易过去发行的证券的金融市场。二级市场发生交易时，发行证券的企业并没有得到新的资金，只有在一级市场上第一次出售证券时，发行公司才能获取新的资金。

货币市场是短期债务工具（期限为 1 年以内）交易的金融市场，而资本市场则是中长期债务工具（期限在 1 年及 1 年以上）和股权工具交易的市场。货币市场证券相对于资本市场证券来说，流动性更强，价格波动更小，安全性更高。

（六）论述题

1. 金融体系的主要功能表现在融通资金、支付结算、聚集资金、风险管理、提供信息等方面。

融通资金促进资金由盈余的一方向短缺的一方流动，促使储蓄向投资转化。资金的融通活动可以采取两种方式完成：一是直接融资，二是间接融资。

金融体系的支付结算功能是指金融体系为企业、家庭等微观主体提供支付结算服务或途径，以帮助其完成商品或劳务的交易。

聚集资金是指金融体系通过股票市场的股份分割和银行的储蓄功能，可以聚集众多个人和家庭的财富，从而形成大笔的资金来满足投资的需要。

金融体系能提供多种风险管理的方法。以保险机制为例，客户付出保费转移风险，保险公司应用大数法则，通过经营风险获取收益。保险公司如果发行股票，就把自身的风险进一步分散化，所付出的代价是收益稀释了。

金融体系提供的价格信息通过各种渠道传送给企业和个人，有助于企业和个人做出正确的投资、消费或就业的决策。

2. 金融机构包含商业性金融机构和政策性金融机构以及国际金融机构。

商业性金融机构是按照现代企业制度改造和组建起来的，以营利为目的的银行和非银行金融机构承担了全部商业性金融业务。商业性金融机构根据市场法则以及商业标准的行为目标，恰当合理地安排其资产负债结构，以在流动性和安全性允许的前提下实现利润的最大化。商业性金融机构具体包括商业银行、节俭储蓄机构、投资银行、保险公司、养老基金和投资基金等。

政策性金融机构是指那些由政府创立、参股、支持或担保的，不完全以营利为目的的，专门为贯彻政府的社会经济政策或意图，在特定的业务领域内，直接或间接从事融资活动，充当政府发展经济、促进社会进步、进行宏观经济管理的金融机构。1994 年，我国设立了国家开发银行、中国进出口银行、中国农业发展银行三大政策性银行，均直属国务院领导。国家开发银行主要承担国内开发型政策性金融业务，中国进出口银行主要承担大型机电设备进出口融资业务，中国农业发展银行主要承担农业政策性扶植业务。2008 年，国家开发银行转型为商业银行；2015 年，国家开发银行被明确定位为开发性金融机构。

国际金融机构是维持国际货币制度正常运转及国际间的货币合作，协调各国货币政策或处理国际金融事务的金融机构。国际金融机构主要有国际货币基金组织、世界银行、国际开发协会和国际金融公司。

第四章　利率

一、教学大纲

（一）教学目的与要求

本章主要讨论利率的含义和种类、利率的计算、利率的决定理论、利率的风险结构和期限结构等内容。学习完本章，学生应了解和掌握有关单利和复利、现值和终值以及几种典型工具的到期收益率的计算，了解和掌握马克思的利率决定理论、古典学派的真实利率理论、新古典学派的可贷资金理论和凯恩斯的流动性偏好理论的内容，能使用可贷资金理论分析实体经济因素如何影响利率的变动，能使用流动性偏好理论分析实体经济因素如何影响利率的变动，了解和掌握利率的风险结构及影响因素，了解和掌握利率期限结构理论，了解和掌握中国债券市场的利率风险结构和利率期限结构。

（二）教学内容梗概

1. 利率的定义

（1）利息和利率。从债权人的角度看，利息是债权人从债务人那里获得的多出本金的部分，是债权人因贷出货币资金而获得的报酬；从债务人的角度看，利息是债务人向债权人支付的多出本金的部分，是债务人为取得货币资金的使用权所花费的代价。利率又叫“利息率”，是一定时期内单位本金所对应的利息，是衡量利息高低的指标，具体表现为利息额同本金的比率。

（2）利率的种类。按照期限长短的不同划分，利率可以分为长期利率和短期利率；按照计息时间周期的不同划分，利率可以分为年利率、月利率和日利率；按照是否发生变化划分，利率可以分为固定利率和浮动利率；按照利率是随市场变动还是由政府调节划分，利率可以分为市场利率和官定利率；按照是否扣除物价上涨因素的不同划分，利率可以分为名义利率和实际利率。

（3）利率的计算。

①单利与复利。

单利的计算公式为：

$I = P \times r \times n$

本利和的计算公式为：

$S = P + I = P(1 + rn)$

上述公式中，I 表示利息额，P 表示本金，r 表示利率，n 表示计息周期数。

复利的计算公式为：

$S = P(1 + r)^n$，$I = S - P$

②现值与终值。因为利息成为收益的一般形态，所以任何一笔货币资金，无论将做怎样的投资，甚至还没有考虑将做怎样的运用，都可以根据利率计算出在未来的某一时点上的金额。这个金额就是前面说的本利和，也称为“终值”。把这个过程倒过来，折回到现在的同一时点上，计算的本金称为“现值”。

单个现金流的现值和终值的计算公式为：

$$PV = \frac{1}{(1 + r)^n} \times FV$$

上式中，PV 代表现值，r 代表贴现率，FV 代表终值。

系列现金流的现值和终值的计算公式为：

$$S = A_n + A_{n-1}(1 + r) + A_{n-2}(1 + r)^2 + A_{n-3}(1 + r)^3 + \cdots + A_1(1 + r)^{n-1}$$

$$P = \frac{A_1}{1 + r} + \frac{A_2}{(1 + r)^2} + \cdots + \frac{A_n}{(1 + r)^n},$$

上述公式中，A 为系列现金流，即每期支付额，S 表示终值，P 表示现值。

③到期收益率的计算。到期收益率是衡量利率的最精确的指标。到期收益率是指从债务工具上获得的回报的现值与其今天的价值相等的利率。根据上述现值和终值的计算公式可以计算普通贷款、定期定额偿还贷款、息票债券、贴现发行债券、永久债券的到期收益率。

2. 利率的决定

（1）马克思的利率决定理论。马克思的利率决定理论是以剩余价值在不同资本家之间的分割作为起点的。马克思认为，利息是贷出资本家从借入资本家那里分割来的一部分剩余价值。剩余价值表现为利润。因此，利息量的多少取决于利润总额，利息率取决于平均利润率。

（2）古典利率理论。庞巴维克、马歇尔、费雪从不同的角度分析了利率的决定，其基本结论是一致的，即利率是由实物因素的投资与储蓄均衡来决定的。储蓄是利率的增函数，投资是利率的减函数，储蓄与投资的均衡决定了一个均衡利率水平。

（3）流动性偏好利率理论。凯恩斯认为，利率其实是买卖一定时期内货币持有权的一种价格。与其他商品一样，这种价格的高低取决于它的供求关系。利率越高，货币持有权的价格越高，货币需求越小。货币供给由货币当局决定，短期是稳定不变的。影响利率变动的因素有收入、价格水平、货币供给量。

（4）可贷资金（利率）理论。可贷资金理论在保留古典利率理论关于投资与储蓄决定利率的基本结论的基础上，吸收了凯恩斯理论中的货币因素，提出了利率由可贷资金的供求关系决定的可贷资金理论。可贷资金（利率）理论认为，利率和债券价格存在反向关系，利率越高，债券价格越低，债券需求越大，债券供给越小。影响利率变动的因素有居民财富、预期利率、预期通货膨胀率、债券相对于其他资产的风险、债券相对于其他资产的流动性、政府赤字、企业盈利预期、产业周期。

3. 利率的结构

（1）利率的风险结构。利率的风险结构主要是由信用工具（金融证券）的违约风险、证券的流动性以及税收等因素决定的。一般而言，在其他条件相同的情况下，债券违约风险越大，利率越高；流动性越高的证券，利率越低；税收越高的证券，其税前利率越高。

（2）利率的期限结构。利率的期限结构是指利率与期限之间的变化关系，研究的是风险因素相同而期限不同的利率差异是由哪些因素决定的。关于利率的期限结构，有两个现象：一是各种期限证券的利率往往是同向波动的，二是长期证券的利率往往高于短期证券的利率。对于这两个现象的解释，有三个经典的利率期限结构理论：预期理论、市场分割理论、流动性溢价理论。

二、重点难点分析

本章的主要内容是利率的含义和种类、利率的计算与决定以及利率的结构理论。本章的重点难点如下：

（1）利息的定义，从债权人和债务人两个角度进行定义。关于利息的本质，在西方经济学和马克思主义经济学中有不同的观点。

（2）利率的计算是本章的重点。到期收益率是用以统一衡量利息高低的指标，并且是最精确的指标。单利与复利的计算、现值与终值的计算是关于利率的计算的基础，根据这两个基础就可以计算普通贷款、定期定额偿还贷款、息票债券、贴现发行债券和永久债券等的到期收益率。

（3）关于利率的决定是本章的重点难点，主要有马克思的利率决定理论、古典利率理论、流动性偏好利率理论和可贷资金（利率）理论。根据后两个利率理论我们可以分析利率如何变动及影响利率变动的因素。

（4）利率的结构是本章的重点，其中期限结构是重点难点。

三、习题练习

（一）单项选择题

1. 由货币当局确定的利率是（　　）。

A. 市场利率　　B. 官定利率

C. 公定利率　　D. 实际利率

2. 衡量利率最精确的指标通常是（　　）。

A. 存款利率　　B. 贷款利率

C. 到期收益率　　D. 基准利率

3. 能较好地解释利率期限结构的理论是（　　）。

A. 预期理论　　B. 市场分割理论

C. 流动性溢价理论　　D. 流动性偏好理论

4. 期限相同的各种信用工具利率之间的关系是（　　）。

A. 利率的风险结构　　B. 利率的期限结构

C. 利率的信用结构　　D. 利率的补偿结构

5. 流动性偏好利率理论是指（　　）。

A. 古典利率理论　　B. 凯恩斯学派的利率理论

C. 新古典的利率理论　　D. 可贷资金（利率）理论

6. 债券持有者不愿意听到利率上升的消息，因为（　　）。

A. 利率上升使得债券价格下跌　　B. 债券息票利息会减少

C. 到期收益率下跌　　D. 以上各项都不对

7. 下列选项中，不会影响到债券的风险溢价的是（　　）。

A. 违约风险　　B. 流动性

C. 税收　　D. 债券期限

8. 下列选项中，利率最高的是（　　）。

A. 国债　　B. 地方政府债券

C. 大型国有企业债券　　D. 民营企业债券

9. 假设市场上只存在企业债和国债，如果预见企业债券违约风险增大，则会导致（　　）。

A. 国债的需求增加，企业债的需求减少，企业债风险溢价增大

B. 国债的需求减少，企业债的需求增加，企业债风险溢价增大

C. 国债的需求增加，企业债的需求减少，企业债风险溢价减小

D. 国债的需求减少，企业债的需求增加，企业债风险溢价减小

10. 利率期限结构的预期理论说明证券收益率曲线通常是（　　）。

A. 向上倾斜的　　B. 向下倾斜的

C. 平坦的　　D. 不确定的

11. 利率期限结构的市场分割理论说明证券收益率曲线通常是（　　）。

A. 向上倾斜的　　B. 向下倾斜的

C. 平坦的　　D. 不确定的

12. 根据利率期限结构的预期理论，如果 1 年期债券的利率为 2%、2 年期债券的利率为 3%，那么未来的 1 年期债券的利率为（　　）。

A. 2%　　B. 3%　　C. 4%　　D. 5%

13. 根据利率期限结构的预期理论并结合流动性溢价，考虑到在未来两年中，预期的 1 年期债券的利率分别为 2%和 4%，如果 2 年期的债券的流动性溢价为 0.5%，那么 2 年期债券的利率为（　　）。

A. 2.5%　　B. 3.5%　　C. 4.5%　　D. 5.5%

14. 结合利率的风险结构的流动性溢价和期限结构的优先理论，如果债券收益率曲线平坦，则（　　）。

A. 预期短期内债券利率会上升

B. 预期短期内债券利率会不变

C. 预期短期内债券利率会下跌

D. 预期人们将更加偏好长期债券

15. 债券价格和利率的关系是（　　）。

A. 不相关　　B. 不确定　　C. 正相关　　D. 负相关

16. 根据可贷资金（利率）理论，（　　）能够使得债券的需求增加。

A. 投资者的财富增加

B. 债券相对于其他资产的风险变小

C. 债券相对于其他资产的预期回报率下降

D. 债券相对于其他资产的流动性变弱

17. 关于债券的价格、利率和供给量关系的选项中，正确的是（　　）。

A. 债券价格上涨，导致利率下跌，供给量增加

B. 债券价格上涨，导致利率下跌，供给量减少

C. 债券价格上涨，导致利率上涨，供给量增加

D. 债券价格上涨，导致利率上涨，供给量减少

18. 如果债券需求曲线左移，那么（　　）。

A. 债券价格下跌，利率下跌　　B. 债券价格下跌，利率上涨

C. 债券价格上涨，利率下跌　　D. 债券价格上涨，利率上涨

19. 价格水平的上涨将导致（　　）。
A. 货币的需求曲线左移，均衡利率上升
B. 货币的需求曲线左移，均衡利率下降
C. 货币的需求曲线右移，均衡利率上升
D. 货币的需求曲线右移，均衡利率下降
20. 居民收入水平提高将导致（　　）。
A. 货币的需求曲线左移，均衡利率上升
B. 货币的需求曲线左移，均衡利率下降
C. 货币的需求曲线右移，均衡利率上升
D. 货币的需求曲线右移，均衡利率下降

（二）多项选择题

1. 利率按期限不同划分，可以分为（　　）。
A. 长期利率　　B. 短期利率
C. 固定利率　　D. 浮动利率
E. 存款利率
2. 利息的计算方法有（　　）。
A. 单利法　　B. 复利法
C. 现值法　　D. 终值法
E. 年金法
3. 利率决定理论有（　　）。
A. 古典学派的储蓄投资理论
B. 凯恩斯学派的流动性偏好利率理论
C. 新古典学派的可贷资金利率理论
D. 预期理论
E. 市场分割理论
4. 决定利率水平的因素有（　　）。
A. 居民财富　　B. 产业周期
C. 预期通货膨胀率　　D. 企业盈利预期
E. 均衡利率
5. 利率的风险结构受（　　）影响。
A. 违约风险　　B. 预期利率
C. 税收因素　　D. 时间的长短
E. 证券的流动性
6. 利率的期限结构可以用（　　）来解释。
A. 违约风险　　B. 市场分割理论
C. 流动性溢价理论　　D. 预期理论
E. 税收因素

7. 按利率是否可以根据市场变化而变动划分，利率可以分为（　　）。
A. 市场利率
B. 官定利率
C. 浮动利率
D. 固定利率
E. 名义利率

8. 按借贷期内利率是否调整为标准划分，利率可以分为（　　）。
A. 市场利率
B. 官定利率
C. 浮动利率
D. 固定利率
E. 名义利率

9. 若考虑通货膨胀的因素，利率可以分为（　　）。
A. 市场利率
B. 官定利率
C. 名义利率
D. 实际利率
E. 固定利率

10. 根据流动性偏好利率理论，影响利率的因素有（　　）。
A. 收入
B. 货币供给量
C. 价格水平
D. 预期利率
E. 均衡利率

（三）名词解释

1. 利息

2. 利率

3. 固定利率

4. 市场利率

5. 名义利率

6. 基准利率

7. 到期收益率

8. 单利

9. 复利

10. 终值

11. 永久债券

12. 风险结构

13. 期限结构

（四）判断与分析题

1. 计算某证券的收益率最准确的指标是票面利率。 （ ）
2. 根据可贷资金理论，预期通货膨胀率上升，会使得均衡利率下降。 （ ）
3. 风险溢价并不是随着违约风险的上升而增加的。 （ ）
4. 预期理论能够很好地解释收益率曲线向上倾斜的现象。 （ ）

5. 流动性偏好利率理论认为，收入增加使得货币需求曲线左移，导致利率下跌。 (　　)

6. 货币供给量增加，货币曲线向右移动，均衡利率下跌。 (　　)

7. 流动性偏好利率理论认为，利率是由债券的供求所决定的。 (　　)

8. 债券的风险溢价是由于违约风险的存在。 (　　)

9. 利率期限结构的预期理论假定，不同期限的债券是可完全替代的。 (　　)

（五）计算题

1. 用 10 000 元投资于一个项目，年回报率为 6%，3 年后的本金和利息总额为多少？

2. 某银行的某笔贷款额度为 100 000 元，一年后的偿还额为 110 000 元，其到期收益率为多少？

3. 某种债券面额为 1 000 元，票面年收益率为 6%，期限为 1 年，到期一次还本付息。如果债券发行时的发行价格为 1 019. 23 元，求发行时的市场利率。

另有一种债券面额为 1 000 元，票面收益率为 5%，期限为 10 年，每年年末付息一次，到期一次还本。试计算该债券在目前市场利率水平下的发行价格。

4. 某银行某笔贷款额度为 1 000 元，在未来 25 年里的年偿付额为 126 元，其到期收益率是多少？

5. 一张 20 年期的息票债券，利率为 10%，面值为 1 000 元，出售价格为 2 000 元。写出该债券到期收益率的计算公式。

6. 某债券面值为 100 元，期限为 5 年，贴现发行价格为 74. 7 元。试计算该债券持有到期的收益率是多少？

7. 某永续债券，每年支付 50 元利息，到期收益率为 5%，计算其价格是多少？如果到期收益率翻倍，其价格如何变化？

8. 某证券第一年支付 110 元，第二年支付 121 元，第三年支付 133. 1 元。假设利率为 10%，计算该证券的现值是多少？

9. 某证券现值为 100 元，计算以下各种情况的复利终值：

（1）以 5%的利率复利 10 年。

（2）以 5%的利率复利 20 年。

（3）以 10%的利率复利 10 年。

分析为什么情况（2）和情况（3）的终值不是情况（1）的两倍。比较三种情况，得出什么结论？

10. 假设光华公司近期准备签订一项合同，合同约定 3 年后以 135 000 元的价格出售一项资产，该资产现值为 89 000 元。如果这项资产的折现率为 13%，试计算光华公司是否盈利。计算在什么利率水平下，光华公司的这项资产出售刚好盈亏平衡？

11. 现有以下两种投资策略：

策略一：买入一只到期收益率为 10%的 3 年期债券。

策略二：买入一只到期收益率为 9%的 1 年期债券，待其到期后，再买入一只到期收益率为 10%的 1 年期债券，待其到期后，再买入一只到期收益率为 11%的 1 年期债券。

不考虑交易费用和税收因素，则：

（1）策略一的预期年回报率是多少？

（2）策略二的预期年回报率是多少？

（3）试比较两种投资策略，再选取其中之一进行投资，并说明选取的原因。

（六）简答题

1. 简述古典利率理论。

2. 简述流动性偏好利率理论。

3. 简述可贷资金利率理论。

4. 简述利率的风险结构。

（七）论述题

1. 如何评价几种利率期限结构理论？

2. 运用流动性偏好利率理论和可贷资金利率理论来解释利率的顺周期性（经济繁荣时利率上升、经济衰退时利率下降）。请画出正确的供求图形。

四、参考答案

（一）单项选择题

1. B	2. C	3. C	4. A	5. B	6. A	7. D	8. D	9. A	10. D
11. A	12. C	13. B	14. C	15. D	16. A	17. A	18. B	19. C	20. C

（二）多项选择题

1. AB	2. AB	3. ABC	4. ABCD	5. ACE
6. BCD	7. AB	8. CD	9. CD	10. ABC

（三）名词解释

1. 从债权人的角度看，利息是债权人从债务人那里获得的多出本金的部分，是债权人因贷出货币资金而获得的报酬；从债务人的角度看，利息是债务人向债权人支付的多出本金的部分，是债务人为取得货币资金的使用权所花费的代价。

2. 利率又叫“利息率”，是一定时期内单位本金所对应的利息，是衡量利息高低的指标，具体表现为利息额同本金的比率。

3. 固定利率是指在整个借贷期限内，利率不随资金市场供求状况变化而变动的利率。

4. 市场利率是指由借贷资金的供求均衡决定的利率，借贷资金供求关系发生改变，市场利率也将随之变化。

5. 名义利率是指借贷契约和有价证券上载明的利率，没有剔除通货膨胀因素。

6. 基准利率是指在整个金融市场上和整个利率体系中处于关键地位、起决定性作用的利率。

7. 到期收益率是指从债务工具上获得的回报的现值与其今天的价值相等的利率。到期收益率是衡量利率的最精确的指标。

8. 单利的特点是对利息不再付息，只以本金为基数计算利息，所生利息不计入计算下期利息的基数。

9. 复利俗称“利滚利”，其特点是除了本金要计息外，前期的利息也要计利息。计息时要将每一期的利息加入本金一并计算下一期的利息。

10. 因为利息成为收益的一般形态，所以任何一笔货币资金，无论将做怎样的投资，甚至还没有考虑将做怎样的运用，都可以根据利率计算出在未来的某一时点上的金额。这个金额就是前面说的本利和，也称为“终值”。

11. 永久债券的期限无限长，实际上是一种没有到期日、不偿还本金、永远支付固定金额息票利息的永久债券，又称为统一公债。

12. 利率的风险结构考察的是期限相同、风险因素不同的各种信用工具利率之间的关系。

13. 利率的期限结构考察的是风险特征相同而期限不同的各种利率之间的关系。

（四）判断与分析题

1. 错误。到期收益率是衡量利率的最精确的指标。

2. 错误。在可贷资金理论框架下，预期通货膨胀率上升，债券需求曲线会左移，债券供给曲线会右移，最终使均衡利率上升。

3. 错误。具有违约风险的债券的风险溢价总是为正，且风险溢价随着违约风险的上升而增加。

4. 错误。预期理论的基本结论是证券的长期利率是短期利率的函数，因此这为不同期限的证券的利率同向波动提供了解释，但是无法解释收益率向上倾斜的现状，因为没有任何理由能让人们总是倾向于未来的短期利率高于现在的短期利率。

5. 错误。流动性偏好利率理论认为，收入增加，货币需求随之增加，使得货币需求曲线右移，导致均衡利率上升。

6. 错误。在长期中，货币供给量增加会存在着收入效应、价格水平效应和通货膨胀效应，这些因素都会使货币需求增加，从而使得利率上升。因此，货币供给量的增加在长期中对均衡利率的影响是复杂的。

7. 错误。流动性偏好利率理论认为，利率其实是买卖一定时期内货币持有权的一种价格，而这种价格的高低则取决于货币的供求关系。

8. 错误。债券的风险溢价是由违约风险、流动性和税收等因素决定的。

9. 正确。

（五）计算题

1. 11 910 元

2. $r=10\%$

3. $r=4\%$，$P=1\ 081$ 元

4. 12%

5. $2\ 000=100\div(1+i)+100\div(1+i)^2+100\div(1+i)^3+\cdots+100\div(1+i)^{20}+1\ 000\div(1+i)^{20}$

6. 6%

7. 1 000 元，变大，为 500 元

8. 300 元

9. （1）162.89 元；（2）265.33 元；（3）259.37 元

10. 盈利，14.9%

11. （1）10%；（2）10%；（3）略

（六）简答题

1. 庞巴维克、马歇尔、费雪从不同的角度分析了利率的决定，其基本结论是一致的，即利率是由实物因素的投资与储蓄均衡来决定的。储蓄是利率的增函数，投资是利率的减函数，储蓄与投资的均衡决定了一个均衡利率水平，用公式表示为：

$S=S(r)$，$S'(r)>0$

$I=I(r)$，$I'(r)<0$

$S(r^*)=I(r^*)$

其中，r^*是均衡利率。

2. 凯恩斯认为，利率其实是买卖一定时期内货币持有权的一种价格。与其他商品一样，这种价格的高低取决于它的供求关系，当货币供给量等于货币需求量时，货币市场达到均衡，从而形成一个均衡利率。凯恩斯认为，货币需求是利率的减函数。关于货币供给，凯恩斯认为，货币供给是取决于货币当局政策的一个外生变量。因此，在流动性偏好理论的分析框架内，分析影响利率的因素，等同于分析经济生活中哪些因素会导致货币供给曲线或货币需求曲线移动，从而引起均衡利率的变化。对货币需求有影响的因素有收入和价格水平。收入增加，货币需求增加，货币需求曲线右移，使得均衡利率上升。价格水平上升，货币需求增加，货币需求曲线右移，使得均衡利率上升。此外，若执行扩张型货币政策使得货币供给量增加，则货币供给曲线右移，在短期内，使得均衡利率下降。

3. 可贷资金理论是在综合古典学派利率理论和凯恩斯利率理论的基础上建立起来的。该理论认为，利率由可贷资金的供求关系决定。在分析影响利率的因素时，可贷资金理论可以简化为债券供求分析框架。可贷资金的需求可以用债券的供给代替，可贷资金的供给可以用债券的需求来代替，对债券市场供求的分析也因此等同于对可贷资金的供求分析。

利率和债券价格存在反向关系，利率越高，债券价格越低，债券需求越大，债券供给越小，因此债券需求曲线向上倾斜，债券供给曲线向下倾斜。在可贷资金理论的分析框架内，分析影响利率的因素，等同于分析经济生活中哪些因素会导致债券供给曲线或债券需求曲线移动，从而引起均衡利率的变化。

其中，居民财富、预期利率、预期通货膨胀率、债券相对于其他资产的风险、债券相对于其他资产的流动性、政府赤字、企业盈利预期和产业周期会对债券需求或供给造成影响，从而影响到均衡利率。

4. 利率的风险结构考察的是期限相同、风险因素不同的各种信用工具利率之间的关系，主要是由信用工具（金融证券）的违约风险、证券的流动性以及税收等因素决定的。具有违约风险的债券的风险溢价总为正，且风险溢价随着违约风险的上升增加，即利率越高。在其他条件相同的情况下，流动性越高的证券，利率将越低；相反，流动性越低的证券，利率将越高。税率越高的证券，其税前利率也越高。

（七）论述题

1. 有关利率期限结构，有两个现象特别值得注意：一是各种期限证券的利率往往是同向波动的，二是长期证券的利率往往高于短期证券。对于这两个现象，西方经济学有三种解释，构成了三个经典的利率期限结构理论，分别是预期理论、市场分割理论和流动性溢价理论。

（1）预期理论假定整个证券市场是统一的，不同期限的证券之间具有完全的替代性。证券购买者以追求利润最大化为目标，对不同期限的证券之间没有任何特殊的偏好。持有和买卖债券没有交易成本，这意味着投资者可以无成本地进行证券的替代。绝大多数投资者能对未来利率形成准确的预期并依据预期做出投资选择。

预期理论的基本结论是证券的长期利率是短期利率的函数。因此，长期利率同现在的短期利率之间的关系依赖于现在的短期利率同预期短期利率之间的关系，从而为证券市场上不同期限的证券利率的同向波动提供了解释。但是，预期理论无法解释收益率曲线向上倾斜的现状，因为没有任何理由能让人们总是倾向于相信未来的短期利率会高于现在的短期利率。

（2）市场分割理论首先对预期理论的完全替代假设提出了批评，认为各种期限的证券之间毫无替代性，它们的市场是相互分割、彼此独立的，因此每种证券的利率都只是由各自的供求状况决定的，彼此之间并无交叉影响。

市场分割理论对收益曲线通常向上倾斜，即长期利率高于短期利率的现象能够进行直接的解释，那就是人们一般更愿意持有短期证券，而不愿持有长期证券，因此短期利率相对较低。但是由于这种理论将不同期限的证券市场看成分割的，因此无法解释不同期限的证券利率往往是同向波动的。这一理论也有局限性。

（3）流动性溢价理论认为，预期理论和市场分割理论对现实缺乏解释力的原因在于它们的假设条件不符合现实，预期理论假设的不同期限的证券之间具有完全的替代性在现实中并不成立，原因是不同的投资者有不同的期限偏好；而市场分割理论所假设的各种期限之间的证券毫无替代性在现实中也不成立，原因是投资者的偏好不是绝对的，一旦不同期限的证券预期收益率差额达到一定的临界值后，投资者可能放弃其偏好的那种证券，转向投资于预期收益率较高的证券。

流动性溢价理论正是在更接近现实的假设基础上形成的，能够较好地解释长期利率高于短期利率的现象，同样能解释不同期限证券的利率同向波动的现象。

2. 根据流动性偏好利率理论，当经济处于扩张阶段，随着收入上升，货币需求会增加。这是因为收入增加使得人们需要更多的货币作为价值贮藏，并且人们处于交易目的的所需的货币也会增加。货币需求增加使得货币需求曲线向右移动，货币供给属于外生变量，货币供给不变，因此均衡的结果是均衡利率上升。同理，当经济处于衰退时，货币需求减少，货币需求曲线向左移动，均衡的结果是均衡利率下降。

如图 4-1、图 4-2 所示，经济扩张时期，货币需求曲线由货币需求曲线 Md_1 向右移动至 Md_2，货币供给曲线不变，使得均衡利率由 r_1 上升至 r_2。在经济衰退时期，货币需求曲线由货币需求曲线 Md_1 向左移动至 Md_2，货币供给曲线不变，使得均衡利率由 r_1 下降至 r_2。

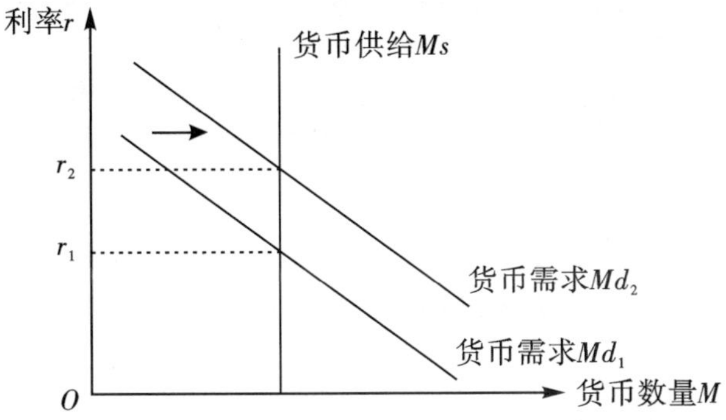

图 4-1　流动性偏好利率理论利率的决定（经济扩张时期）

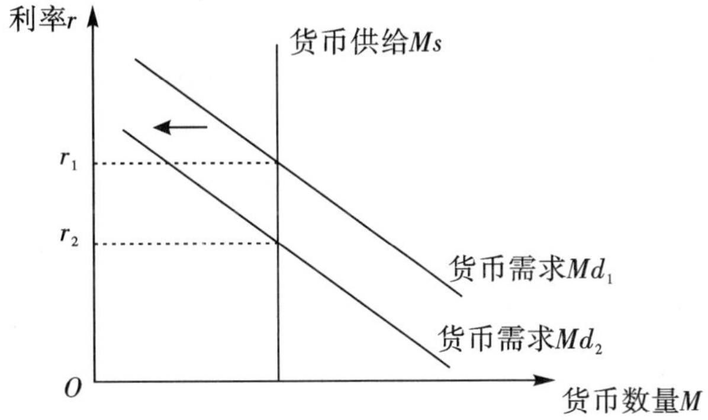

图 4-2　流动性偏好利率理论利率的决定（经济衰退时期）

根据可贷资金利率理论，在经济周期的扩张时期，国民收入增加，债券需求随着财富的增加而增加，债券的需求曲线向右移动。与此同时，企业预期盈利上升，因此愿意发行债券，这会使得债券供给曲线向右移动。可以发现，债券需求曲线和供给曲线同时向右移动会使得均衡点向右移动。根据经验，企业发行债券对于经济扩张的敏感性高于投资者对于债券需求的敏感性，因此债权供给曲线移动幅度大于需求曲线移动幅度，最终使得均衡利率上升。同理，在经济处于衰退时，债券需求曲线左移的幅度小于债券供给曲线左移的幅度，因此均衡时使得均衡利率下降。

如图 4-3、图 4-4 所示，经济扩张时期，债券供给曲线由债券供给曲线 B_1^s 向右移动至 B_2^s，债券需求曲线由债券需求曲线 B_1^d 向右移动至 B_2^d，但是债券需求曲线移动的幅度小于债券供给曲线移动的幅度，使得均衡利率由 r_1 上升至 r_2。在经济衰退时期，债券供给曲线由债券供给曲线 B_1^s 向左移动至 B_2^s，债券需求曲线由债券需求曲线 B_1^d 向左移动至 B_2^d，但是债券需求曲线移动的幅度小于债券供给曲线移动的幅度，使得均衡利率由 r_1 下降至 r_2。

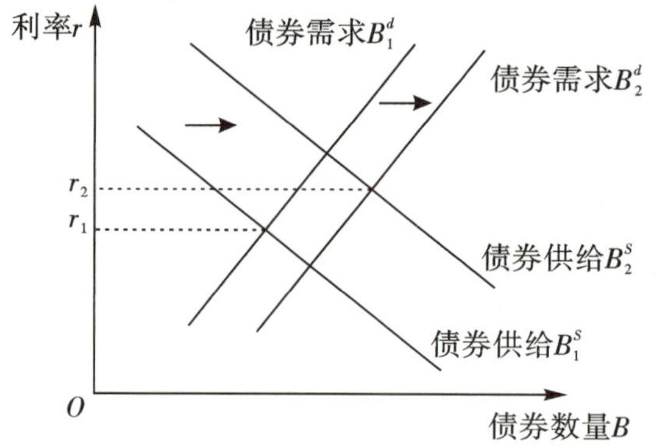

图 4-3 可贷资金理论利率的决定（经济扩张时期）

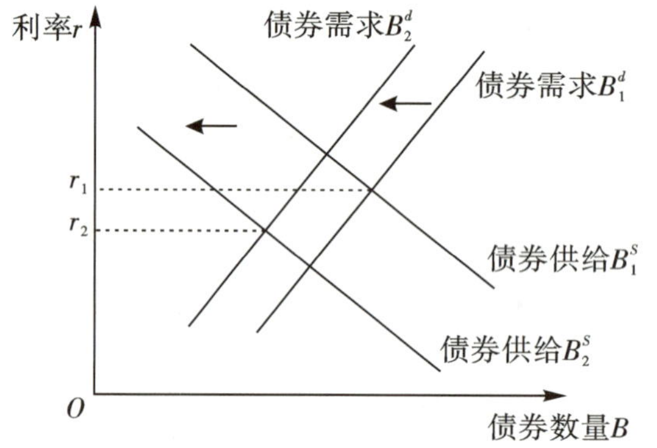

图 4-4 可贷资金理论利率的决定（经济衰退时期）

综上所述，利率具有顺周期性。

五、延伸阅读

关于推进利率市场化改革的若干思考

一、为什么要推进利率市场化改革

一是利率市场化是发挥市场配置资源作用的一个重要方面。1992 年，我国确立了建立社会主义市场经济体制的改革目标，要让市场在资源配置中起基础性作用，以此实现资源配置优化。利率作为非常重要的资金价格，应该在市场有效配置资源的过程中起基础性调节作用，实现资金流向和配置的不断优化。同时，利率也是其他很多金融产品定价的参照基准。

二是利率市场化的要点是体现金融机构在竞争性市场中的自主定价权。我国市场化改革从一开始就强调尊重企业的自主权，其中最主要的一条是尊重企业的定价权。在金融业，除个别政策性金融机构外，目前我国金融机构都是按照企业来运行的，反映金融企业自主经营权的一个重要环节正是其对自身产品和服务的自主定价权。

三是利率市场化也反映客户有选择权。金融机构的客户既有居民，也有企业，还有各种各样的其他类型实体。这些客户在竞争性市场中有选择权，其可以对金融机构提供的服务和价格表示满意或不满意，可以选择这家或那家，可以选择不同价格的类似金融产品作为替代。通过利率市场化，金融机构会提供各不相同的、多样化的金融产品和服务。

四是利率市场化反映了差异性、多样性金融产品和服务的供求关系以及金融企业对风险的判断和定价。在市场经济条件下，就像其他商品一样，金融产品会出现更多的差异化，同类产品可能有不同的品牌、规格和目标群体。同时，不同金融机构对同一项目、同一客户的风险判断也会出现差异，这些差异在其金融产品的定价中会得到反映。

五是利率市场化反映了宏观调控的需要。宏观调控，特别是在我国社会主义市场经济条件下以间接调控为基本特征的中央银行货币政策，需要有一个顺畅、有效的传导机制，并对市场价格的形成产生必要的影响。

二、我国的利率市场化进程

利率市场化是一个过程，这个过程中的进展是承上启下的。

自亚洲金融危机之后，我国的利率市场化有这样几个内容可以回顾一下：

第一，外币存贷款利率。分几步放开国内外币存贷款利率，这主要发生在 2004 年之前。

第二，扩大银行的贷款定价权和存款定价权。2003 年之前，银行定价权浮动范围只限 30%以内，2004 年贷款上浮范围扩大到基准利率的 1.7 倍。2004 年 10 月，贷款上浮取消封顶，下浮的幅度为基准利率的 0.9 倍，还没有完全放开。与此同时，银行的存款利率被允许都可以下浮，下限不设底。

第三，在企业债、金融债、商业票据方面以及货币市场交易中全部实行市场定价，对价格不再设任何限制。随着各种票据、公司类债券的发展，特别是场外交易市场和二级市场交易不断扩大使价格更为市场化，很多企业特别是资质比较好的企业，可以选择发行票据和企业债来进行融资，其价格已经完全不受贷款基准利率的限制了。

第四，扩大商业性个人住房贷款的利率浮动范围。2006 年 8 月，浮动范围扩大至基准利率的 0.85 倍。2008 年 5 月，自汶川特大地震发生后，为支持灾后重建中国人民银行于当年 10 月进一步提升了金融机构住房抵押贷款的自主定价权，将商业性个人住房贷款利率下限扩大到基准利率的 0.7 倍。但是，我们也看到，实际上金融企业并不是特别愿意对住房抵押贷款定价。

三、进一步推进利率市场化改革的条件

利率市场化改革与其他改革都有关联，下一步推进这一改革需要讨论一下，应培育哪些条件，在哪些方面建立配合关系。

一是利率市场化是在市场竞争中产生的，因此要有一个充分公平的市场竞争环境。金融机构在正当的市场竞争条件下通过竞争来定价，虽然定价可能会有偏差，但是因为有竞争，有多样化、多元化的产品和服务，有多个机构，总体来讲会产生合理的均衡价格。

市场竞争首先要有财务硬约束，而不是软约束。有财务硬约束的企业与只有软约束的企业放在一起竞争，会出现大量问题。2003—2004 年，我们讨论过，如果有的银行是政策性银行，另外一部分虽称之为商业银行，但尚不服从资本充足率的约束，它们与合规银行之间的竞争会有问题。商业银行和现存政策性银行的财务约束完全不一样，有补贴的机构和没有补贴的机构之间、受资本约束和不受资本约束的机构之间是没有办法放在一起公平竞争的。因此，首先的一个条件是财务硬约束。特别是我国，优胜劣汰的市场退出机制尚未建立起来，市场约束并不是十分有效，对存款人的隐性担保还普遍存在。

除了硬约束外，还要防止“病号型”或“重病型”竞争，就是有问题的机构可能更加冒险，用不正常的利率进行竞争。通过这次金融危机，我们发现，一些金融机构在出现问题时，往往通过高息揽储或发行一些高收益产品获取资金，以掩盖资产负债表出现的问题，企图继续残喘，并寄希望未来有机会缓过气来。在危机中有很多这样的机构，我国也出现过类似现象。例如，过去一些证券公司出问题后，大量发行柜台债，利息很高，但这是违规的。这属于“病号型”竞争，扰乱了正常的竞争秩序。

二是银行的客户要接受和认可利率市场化。在一般商品市场，消费者对价格差异和自主选择已习以为常。人们去商店购买物品时，如果不满意产品价格，可以“货比三家”，到其他商店看看，对比价格。但在金融市场上，由于过去多年的计划经济体制，一些客户还没有适应银行服务的差别化定价。如果客户对银行某一定价不满意，仍习惯于马上向政府表达或归罪于政府，希望政府来干预。政府如果回归到大规模干预，市场化定价就得走回头路，还可能导致金融产品定价成为商业银行的“政治表现”，而不是市场竞争的结果，利率市场化所需要的竞争机制和自主定价权的条件就不具备。

三是商业银行要敢于承担风险定价的责任。商业银行要对风险溢价做出独立判断，并以此确定价格。在此过程中，定价高了，就可能导致客户流失，损失市场份额。对此，商业银行要做好自主定价和维系客户（涉及市场份额）之间的权衡，而客户也不再简单地把价格的对与错推到央行或政府身上。从国际发展趋势看，商业银行的竞争重点已从追求客户数量、追求市场份额转向其他更为综合的目标。从我国的情况看，客户数量和市场份额仍是商业银行竞争的主要目标。这一状况应该有所改变，否则银行即使有更大的定价权，也会担心承担责任而不去运用。

四是要推动整个金融产品与服务价格体系的市场化。价格历来是一个体系，很多价格互相关联。在一般商品领域，企业定价面对的是一个包括多个上下游产品和可替代产品的价格体系。如果这个价格体系中有些价格是固定的，或者是由政府高度管制的，而有些价格是市场化的，企业就难以真正进行市场化定价。同样，商业银行在经营中要逐步降低利差收入在总收入中的比重，就需要不仅考虑存贷款利率的确定，还要考虑与存贷款有关联或有替代性的中间业务金融产品和服务的定价。对于一些中间产品和服务的定价，总有些人主张要继续进行高度管制，或者一些客户出于对定价的不满而批评银行，并寄希望于找政府干预。因此，如果利率名义上市场化了，而与中间业务相关的产品和服务定价却不放开，则会出现新的扭曲，商业银行也没有足够的激励去发展中间业务。可见，利率本身是涉及由多种价格构成的整体，涉及很多相关金融产品和服务的价格，利率市场化需要事前有思想准备对这个相互关联的定价体系进行改革。

五是需要进一步完善货币政策传导机制。无论是在正常经济环境下，还是在危机时期，只有当中央银行货币政策得到充分有效的传导，政策意图作用于金融系统和实体经济的路径才会通畅，才能实现微观利益与宏观、整体利益的相互协调，社会效果才能最大化，副作用也才能最小化。

六是利率市场化还涉及过去推进银行改革过程中的成本分摊问题。银行改革成本如何承担、消化，与利率市场化改革有很大关系。把历史问题解决好了，就为进一步改革创造了条件。

七是利率市场化过程中政府和媒体的作用也非常重要。

四、进一步推进利率市场化改革的几点考虑

一是选择具有硬约束的金融机构，让它们在竞争性市场中产生定价，在一定程度上把财务软约束机制排除在外。2003 年开始推进国有商业银行改革时，由于改革进程不同，各家银行的自我约束很不一样：部分银行已经实现财务重组，资本充足率较高，资本约束较强；而有的银行资本充足率为负数，也不受资本约束。在这种情况下，竞争就很成问题。现在经过这一轮大规模的金融机构改革，情况已有很大变化。几乎所有大中型商业银行不仅资本得到了补充，而且已成为上市公司，公司治理也得到了很大的改善。2010 年，自农业银行、光大银行上市后，商业银行财务重组和股份制改革取得阶段性成果，这为我们推进下一轮的利率市场化改革奠定了重要基础。

二是按照宏观审慎管理的要求，确立达标金融企业必须具备的硬约束条件，不达标的企业就是约束程度不够。利率市场化过程中，对于软约束的金融机构，或者一些“病号型”“重病型”金融机构，暂时还不能给予过大的定价权，否则还是缺乏自我约束，还会出现高息揽储、搅乱市场等问题。这就是说，只有达到自我约束标准的金融机构方可给予更多的定价权。那么，达到自我约束有什么标准呢？可以结合这一轮改革方向，把宏观审慎性几项标准作为一个标尺，建立一个适应宏观审慎管理需要的稳健性标准，同时还要区别系统重要性机构和非系统重要性机构，也要区分资本类型和质量，这关系到公平竞争的基础和损失吸收能力。达到宏观审慎性标准的金融企业就应该有更大的自主定价权。

三是要有实现正当公平的竞争主体，既包括银行，也包括客户等市场竞争者。在选择具备正当公平竞争能力的市场主体时，我们还要审视其是否还有未消化的历史包袱和未暴露的表外包袱。无论是银行还是客户，如果还有若干历史问题没有消化，这些机构的定价行为都可能有违真正的公平竞争，需要被排除在选择范围之外。

四是要考虑逐步放开替代性金融产品的价格。这也许无法一步到位，但总体而言，利率市场化改革应整体推进，在放开存贷款利率的同时，其他一系列上下游产品和替代产品的定价权也应同时交由市场决定。这还涉及行政与监管当局对套利行为的态度。

五是尽量避免银行产品的过分交叉补贴。有的金融机构为了在竞争中保持市场份额，采取业务交叉补贴的做法，表面上某种产品定价是按规矩确定的，但同时通过其他手段对这一价格进行补贴，从而获得不正当的竞争力，扰乱定价体系。产品市场也有类似的情况，表面上某种产品的定价没有问题，但如通过配件或易耗品价格对产成品价格实施补贴，就会导致产品市场的定价和竞争出现问题。

六是要大力加强对客户的宣传教育。除了一些大型客户对金融产品具有一定议价能力外，多数中小企业和居民客户只是价格的接受者，其要去适应竞争性市场的价格形成，也要了解有自主选择和自我保护的权利，而不是指望政府采取行政干预手段来实现自己的期望值。这与证券市场上的投资者教育是一个道理。

这里还要讲一下，中央银行征信系统能够为此发挥作用，这个系统包含了客户信息和进行风险定价的判据。需要进一步解决的问题如下：第一，健全系统本身；第二，系统中如果有些信息出了问题，要有一个合适的纠正机制。现在是网络时代，往往由于难以确知的差错来源而出现一些错误信息并被来回复制，最后很难澄清，使得客户不满意。而这些信息关系到银行与具体客户之间有关产品和服务的价格确定。

七是建立健全自律性竞争秩序。怎么才能够达到公平、公正的竞争及其所形成的价格呢？当然也需要有人维持秩序，也需要考虑到有些时候竞争会是不正当的，有些时候竞争是恶性的，有些时候会用交叉补贴的办法来从事不正当的竞争，也仍有可能在经济下滑的阶段，会有一些机构陷入困难，它们会采用“病号型”或“重病型”的竞争方式。自律组织的作用和自律管理在这方面具有无法替代的功能，自律性管理能够在一定程度上管理正常的价格竞争区间，制约违规行为。

八是进一步确立市场定价权，使金融机构进一步增强风险定价的能力。我们要为金融机构实现财务硬约束和自主经营、自担风险提供正向激励机制，促使其健康地朝这一方向发展，更好地推动利率市场化。

总之，利率市场化改革要有规划、有步骤、坚定不移地推进。我国还是转轨经济，可能仍然还存在着一定程度上的财务软约束，政府的角色定位也有一个转型的过程，货币政策传导机制还不充分畅通和健全，一些客户对某些金融产品和服务定价的理解还不到位等问题，进一步推进利率市场化改革也要求在多个领域互动和相互促进。这些都是整个经济转轨过程中必须面对的问题。我们要把这些相关问题的解决看成利率市场化改革过程的组成部分，强调它们之间的相互联系。在下一步讨论“十二五”规划纲要过程中，我们需要在划定范围、提供激励、加强自律的思路下，把利率市场化改革向前推进。

［资料来源］周小川. 关于推进利率市场化改革的若干思考［N］. 金融时报，2011-01-05（1）.

第五章　汇率

一、教学大纲

（一）教学目的与要求

本章主要讨论外汇、汇率、外汇市场、汇率决定和影响汇率变动的因素等内容。学习完本章，学生应掌握外汇的定义、汇率的标价方法和外汇市场的相关内容，学会使用供求分析的基本工具考察长期和短期决定市场汇率的主要因素以及这些因素如何影响汇率变动，了解我国人民币汇率制度。

（二）教学内容梗概

1. 汇率的定义

（1）外汇。外汇的概念有广义和狭义之分。广义的外汇泛指一切以外国货币表示的资产，这一概念通常用于各国管理外汇的法令中；狭义的外汇是指以外币表示的可以直接用于国际结算的支付手段。

外汇具有三个突出的特点：普遍接受性、可偿性、可兑换性。

（2）汇率。汇率也称汇价、外汇牌价或外汇行市，是指一国货币用另一国货币表示的价格，或者以一个国家的货币折算成另一个国家的货币的比率。汇率可以有两种表示方法，既可以用本国货币来表示外国货币的价格，也可以用外国货币来表示本国货币的价格，并以此分为直接标价法和间接标价法。

（3）外汇市场。外汇市场是指由外汇需求和外汇供给双方以及外汇交易中介机构所构成的买卖外汇的交易系统。外汇市场有三个交易层次：一是客户市场，二是同业市场，三是中央银行与外汇银行之间的交易市场。最基本的交易方式是即期交易和远期交易。

2. 汇率的决定

（1）长期汇率的决定。一价定律和购买力平价理论说明两个经济体的物价水平应该是一致的。一般认为，在长期，对一国货币汇率的影响主要来自对其可贸易产品的需求。因此，影响到对其可贸易产品的需求的因素会影响到该国汇率，主要有相对价格水平、关税和限额、对本国产品相对于外国产品的偏好、生产率。

（2）短期汇率的决定。按照资产需求理论的理解，影响人们对本币资产和外币资产需求最重要的因素是两种资产之间相对的预期回报率。两种货币资产之间相对的预期回报率决定了两种货币之间的交易或兑换，从而决定了汇率。因此，国内资产的供给和需求达到均衡时决定均衡汇率。国内资产的需求随本币贬值，需求提高，而国内资产的供给在短期内是稳定不变的。

（3）利率平价条件。利率平价条件（interest parity condition）反映的是国内利率、外国利率和本币预期升值率之间的联系。假设我们生活的世界中资本可以自由流动，外国人可以很容易地购买人民币资产，中国人也可以很容易地购买外国资产。根据无套利原理，人民币资产和外国资产的预期回报率必然没有差别。因此，国内利率等于外国利率减去本国货币的预期升值率。

3. 汇率的变动

在某一个时点上，国内资产的供给是不变的。因此，导致汇率变动的因素主要是国内资产需求曲线的移动，导致国内资产曲线移动的因素就是导致汇率变动的因素。

（1）国内利率。国内利率水平上升推动需求曲线向右移动，导致本币升值。

（2）外国利率。外国利率水平上升推动需求曲线向左移动，导致本币贬值。

（3）预期未来汇率的变动。预期未来汇率上升会引起需求曲线向右移动，导致本币升值。

4. 人民币汇率制度

1994 年以前，我国先后经历了固定汇率制度和双轨汇率制度。随后经历了 1994 年人民币汇改、2005 年人民币汇改、2007 年至今的人民币汇改。2016 年 10 月人民币加入 SDR（特别提款权）。

二、重点难点分析

（一）汇率的定义

外汇和汇率的定义是本章的重点内容。

外汇的概念有广义和狭义之分。广义的外汇泛指一切以外国货币表示的资产，这一概念通常用于各国管理外汇的法令中；狭义的外汇是指以外币表示的可以直接用于国际结算的支付手段。外汇具有三个突出的特点：普遍接受性、可偿性、可兑换性。

汇率是指一国货币用另一国货币表示的价格，或者以一个国家的货币折算成另一个国家的货币的比率。汇率有两种表示方法，即直接标价法和间接标价法。

此外，关于外汇市场的交易层次和主要参与者也是本章的重点内容。

（二）汇率的决定

汇率的决定是本章的重点难点部分，主要有以下几个方面的内容：

1. 长期汇率的决定

一价定律和购买力平价理论认为，两个经济体的物价或货币的购买力应该是一样的，因此可以计算两个经济体的汇率。但是一价定律和购买力平价理论都有自身的缺点，因此不能用以分析长期汇率的决定与变动。

一般认为，在长期，对一国货币汇率的影响主要来自对其可贸易产品的需求。因此，对于这种需求产生影响的因素即是影响汇率变动的因素。这些因素有相对价格水平、关税和限额、对本国产品相对于外国产品的偏好、生产率。这四种因素如何影响长期汇率的变动是本章的重点难点内容。

2. 短期汇率的决定

在短期，两种货币资产之间相对的预期回报率决定了两种货币之间的交换或兑换，从而决定了汇率。因此，根据国内资产的供给曲线和需求曲线的均衡确定均衡汇率。国内资产的需求与汇率呈负相关的关系，而供给是一条没有弹性的垂直线。

3. 利率平价条件

利率平价条件反映的是国内利率、外国利率和本币预期升值率之间存在着这种联系：国内利率等于外国利率减去本国货币的预期升值率。

（三）汇率的变动

汇率的变动也是本章的一个重点难点。因为在短期，国内资产供给是不变的，所以导致国内资产需求曲线移动的因素就是导致汇率变动的因素。因素主要有国内利率、外国利率和预期未来汇率的变动。学生要使用图形分析这些因素，观察国内资产需求曲线如何变动。

三、习题练习

（一）单项选择题

1. 下列选项中，错误的是（　　）。

A. 外汇是一种金融资产

B. 外汇必须以外币表示

C. 用作外汇的货币不一定具有充分的可兑换性

D. 用作外汇的货币必须具有充分的可兑换性

2. 浮动汇率制度下，汇率是由（　　）决定的。

A. 货币含金量　　B. 波动不能超过规定幅度

C. 中央银行　　D. 市场供求

3. 购买力平价理论表明，决定两国货币汇率的因素是（　　）。

A. 含金量　　B. 价值量

C. 购买力　　D. 物价水平

4. 通常情况下，一国的利率水平较高，则会导致（　　）。

A. 本币汇率上升，外币汇率上升

B. 本币汇率上升，外币汇率下降

C. 本币汇率下降，外币汇率上升

D. 本币汇率下降，外币汇率下降

5. 在直接标价法下，一定单位的外币折算的本国货币增多，说明本币汇率（　　）。

A. 上升　　B. 下降

C. 不变　　D. 不确定

6. 在间接标价法下，汇率数值的上下波动与相应外币的价值变动在方向上（　　），而与本币的价值变动在方向上（　　）。

A. 一致，相反　　B. 相反，一致

C. 无关系，无关系　　D. 不确定，不确定

7. 下列关于利率平价条件的选项中，正确的是（　　）。

A. 国内利率等于外国利率加上外国货币的预期升值率

B. 国内利率等于外国利率减去本国货币的预期升值率

C. 用外国货币衡量的人民币资产的预期回报率等于人民币资产的利率减去人民币预期升值率

D. 随着人民币资产相对回报率上升，投资者愿意持有更多的人民币资产

8. 下列关于汇率变动的影响因素的选项中，错误的是（　　）。

A. 国内利率上升，使得本币升值　　B. 预期生产率提高，使得本币升值

C. 预期进口需求增加，使得本币升值　　D. 预期进口关税增加，使得本币升值

9. 如果美元升值，其他条件不变，那么（　　）。

A. 中国市场上的美国汽车价格会上升

B. 美国市场上的中国服装价格会上升

C. 中国市场上的美国汽车需求将增加

D. 美国市场上的中国服装需求将减少

10. 如果美元相对于人民币贬值，那么（　　）。

A. 兑换美元需要更多的人民币

B. 兑换人民币所需要的美元数量减少

C. 人民币相对于美元升值

D. 中国市场上的美国商品价格将上涨

11. 根据购买力平价理论，如果中国物价上涨 2%，美国物价上涨 5%，那么（　　）。

A. 人民币相对于美元升值 2%　　B. 人民币相对于美元贬值 5%

C. 人民币相对于美元升值 3%　　D. 人民币相对于美元贬值 3%

12. 购买力平价理论因为（　　）而无法充分解释汇率波动的原因。

A. 很多商品价格发生变化，但是未进行跨国交易

B. 不同国家进口关税不同

C. 外国商品的物价波动会影响本国的物价水平的变动

D. 不同国家居民对外国产品的偏好不同

13. 如果美国提高针对中国商品的关税，同时中国对美国商品的需求增加，不考虑其他因素的情况下，在长期（　　）。

A. 人民币相对于美元升值

B. 人民币相对于美元贬值

C. 人民币与美元之间汇率不变

D. 人民币与美元之间汇率不确定

14. 其他条件不变，如果预期未来人民币相对于美元升值，那么（　　）。

A. 国内资产需求曲线右移，人民币将贬值

B. 国内资产需求曲线左移，人民币将贬值

C. 国内资产需求曲线左移，人民币将升值

D. 国内资产需求曲线右移，人民币将升值

15. 外汇市场上汇率的波动是常见的和剧烈的，原因是（　　）。

A. 中央银行对汇率的操纵

B. 通货膨胀的波动是常见的和剧烈的

C. 国内外相对利率的波动是常见的和剧烈的

D. 影响汇率的因素的变动是常见的和剧烈的

16. 广义外汇和狭义外汇的根本区别在于（　　）。

A. 是否可以用来清偿债务

B. 是否包括了所有的有价证券

C. 是否使用本币进行表示

D. 是否可以在国际上进行自由流通

17. 如果本国的通货膨胀率高于外国的通货膨胀率，而其他条件不变，则应用直接标价法的外汇汇率（　　）。

A. 上升　　B. 下跌　　C. 不变　　D. 不确定

18. 下列选项中，（　　）发生会使得人民币升值。

A. 中国政府宣布税收优惠政策

B. 中国相对物价水平下降

C. 中国降低进口关税

D. 中国的银行存款利率下降

19. 在其他条件不变时，人民币贬值，将会使得（　　）。
A. 国内生产总值减少，国际收支出现逆差
B. 国内生产总值减少，国际收支出现顺差
C. 国内生产总值增加，国际收支出现逆差
D. 国内生产总值增加，国际收支出现顺差
20. 下列关于固定汇率制和浮动汇率制的选项中，不正确的是（　　）。
A. 固定汇率制有利于稳定外汇市场，维护一国货币的汇率稳定
B. 浮动汇率制可以自动调节短期资金流动，预防投机冲击
C. 固定汇率制有利于保障本国经济的自主性和货币政策的独立性
D. 浮动汇率制可以自动实现外部均衡，并可以防止通货膨胀的跨国传播

（二）多项选择题

1. 外国货币作为外汇的前提是（　　）。
A. 可偿性　　B. 可接受性
C. 可转让性　　D. 可兑换性
E. 一致性
2. 我国规定外汇包括（　　）。
A. 外国钞票　　B. 外国铸币
C. 外币有价证券　　D. 外币支付凭证
E. 特别提款权
3. 一国货币对外币的汇率是（　　）。
A. 两种货币的兑换　　B. 两种货币之间的交换比率
C. 国内物价水平的体现　　D. 本币内部价值的外在表现
4. 在直接标价法下，本币数额增加表示（　　）。
A. 外币币值不变　　B. 本币升值
C. 外汇汇率下降　　D. 本币汇率下降
E. 外汇汇率上涨
5. 在间接标价法下，外币数额减少，表示（　　）。
A. 本币币值不变　　B. 本币贬值
C. 外汇汇率上涨　　D. 本币汇率上涨
E. 外汇汇率下降
6. 一国价格水平上涨，将会导致国际收支（　　），该国的货币汇率（　　）。
A. 顺差　　B. 逆差　　C. 上升　　D. 下降
E. 不变
7. 外汇市场的参与者有（　　）。
A. 外汇银行　　B. 有外汇交易的公司
C. 有外汇交易的个人　　D. 中央银行
E. 外汇经纪人

8.（　　）出现正向变动，会使得本币升值。

A. 国内物价水平
B. 进口需求
C. 进口关税
D. 相对生产率
E. 外国利率

9. 下列有关国内资产需求曲线移动的选项中，正确的有（　　）。

A. 国内预期相对物价水平上升，使得需求曲线右移
B. 预期未来人民币升值，会使得人民币资产需求曲线右移
C. 国内利率上升，会使得需求曲线右移
D. 国外利率上升，会使得需求曲线右移
E. 国内相对生产率提高，会使得需求曲线右移

10. 其他条件不变，预期未来汇率（美元/人民币）上升将导致（　　）。

A. 以美元表示的人民币资产预期回报率增加
B. 以美元表示的人民币资产预期回报率减小
C. 以人民币表示的美元资产预期回报率增加
D. 以人民币表示的美元资产预期回报率减小
E. 两种资产预期回报率相对不变

（三）名词解释

1. 外汇

2. 汇率

3. 外汇市场

4. 直接标价法

5. 间接标价法

6. 外汇经纪人

7. 购买力平价理论

8. 利率平价条件

（四）判断与分析题

1. 在直接标价法下，一定单位的外币折算的本国货币增多，说明本币汇率上升。（　　）

2. 在间接标价法下，一定单位的本国货币折算的外币数量增多，说明本币升值。（　　）

3. 一价定律衡量汇率时比购买力平价理论更准确。（　　）

4. 如果其他条件不变，人民币升值，国外市场上的中国商品价格会下降，而中国市场上的外国商品价格会上涨。（　　）

5. 如果其他条件不变，中国相对于其他国家的生产率提高，那么在长期，人民币将会升值。（　　）

6. 货币贬值，对一国经济不利。（　　）

（五）计算题

1. 如果中国物价水平相对于美国上涨了4%，根据购买力平价理论，以美元表示的人民币价值会发生怎样的变动？

2. 假定中国与美国的利率分别为8%、10%，即期汇率为1美元兑换6.450元人民币，试计算美元兑人民币3个月的远期汇率。

3. 假定人民币/美元的汇率为 6.45，试计算：

（1）美元/人民币的汇率是多少？

（2）如果人民币相对于美元升值 5%，那么新的汇率是多少？

（3）如果人民币相对于美元贬值 5%，那么新的汇率是多少？

（六）简答题

1. 外汇的定义及具体包括哪些内容？外汇的基本特征有哪些？

2. 简述汇率的定义及汇率的表示方法。

3. 影响汇率变动的主要因素有哪些？

（七）论述题

1. 论述一价定律和购买力平价理论如何决定汇率，各自的缺点是什么？

2. 论述在长期，影响汇率的因素如何影响汇率。

3. 论述推动国内资产需求曲线移动并影响汇率的因素。

四、参考答案

（一）单项选择题

1. C	2. D	3. C	4. B	5. B	6. B	7. D	8. C	9. A	10. C
11. C	12. A	13. B	14. D	15. D	16. B	17. A	18. B	19. D	20. C

（二）多项选择题

1. ABD	2. ABCDE	3. BD	4. DE	5. BC
6. BD	7. ABCDE	8. CE	9. BCE	10. AD

（三）名词解释

1. 外汇的概念有广义和狭义之分。广义的外汇泛指一切以外国货币表示的资产，这一概念通常用于各国管理外汇的法令中；狭义的外汇是指以外币表示的可以直接用于国际结算的支付手段。外汇具有三个突出的特点：普遍接受性、可偿性、可兑换性。

2. 汇率是指一国货币用另一国货币表示的价格，或者以一个国家的货币折算成另一个国家的货币的比率。

3. 外汇市场是指由外汇需求和外汇供给双方以及外汇交易中介机构所构成的买卖外汇的交易系统。

4. 直接标价法是指以一定单位的外国货币作为标准，折算成若干单位的本国货币来表示的汇率。

5. 间接标价法是指以一定单位的本国货币作为标准，折算成若干单位的外国货币来表示的汇率，即本币数量不变，用外国货币的数量变化来表示汇率的变化。

6. 外汇经纪人是指在外汇市场上为银行与银行、银行与客户之间的外汇交易进行介绍、接洽并赚取佣金的中间商。

7. 购买力平价理论认为，人们之所以需要外国货币，是因为它在外国具有对一般商品的购买力；外国人之所以需要本国货币，也是因为它在本国具有购买力。因此，一国货币的对外汇率，主要是由两种货币在其各自国内所具有的购买力决定的，即两种货币的购买力之比决定了两国货币的兑换比率。

8. 利率平价条件反映的是国内利率、外国利率和本币预期升值率之间的联系。它表明，国内利率等于外国利率减去本国货币的预期升值率。

（四）判断与分析题

1. 错误。直接标价法是指一国以整数单位的外国货币为标准，折算为若干数额的本国货币的标价法。在直接标价法下，如果需要比原来更多的本币才能兑换一定数额的外币，这说明外国货币的币值上升或本国货币的币值下降，通常称为外汇汇率上升。

2. 正确。间接标价法是指一国以整数单位的本国货币为标准，折算为若干数额的外国货币的标价法。在间接标价法下，一定单位的本国货币折算的外币数量增多，说明本国货币汇率上升，即本币升值或外币贬值。

3. 错误。一价定律简单明了，但是如果按照不同的商品可能得出完全不同的汇率。为了解决一价定律遇到的难题，购买力评价理论就应运而生了，一国货币的对外汇率主要是由两种货币在其各自国内所具有的购买力决定的，即两种货币的购买力之比决定了两国货币的兑换比率。因此，购买力平价理论要比一价定律准确。

4. 错误。如果其他条件不变，人民币升值，意味着一定数量的人民币可以兑换更多的外币。因此，国外市场上的中国商品价格会上涨，而中国市场上的外国商品价格会下降。

5. 正确。如果中国的生产率高于其他国家，则中国的企业可以降低产品相对于外国产品的价格并保证获利，价格下降会使外国增加对中国产品的需求，从而使人民币升值。

6. 错误。货币贬值会起到增加出口的作用，这无疑会带动经济增长。出口增加会带动投资、消费的增加，并且增加就业，还可以缓解一国国际收支逆差现象。

（五）计算题

1. 根据购买力平价理论，如果一国物价水平相对于另外一国物价水平上升，则该国货币将会贬值。如果中国物价水平相对于美国上涨 4%，那么以美元表示的人民币价值将下跌 4%。

2. 根据利率平价理论可得：

$(F-6.450)\div 6.450=(10\%-8\%)\times(3\div 12)$

$F=6.48225$

3.（1）0.155；（2）6.143；（3）6.773

（六）简答题

1. 外汇的概念有广义和狭义之分。广义的外汇泛指一切以外国货币表示的资产，这一概念通常用于各国管理外汇的法令中；狭义的外汇是指以外币表示的可以直接用于国际结算的支付手段。我国于 1996 年 1 月出台的《中华人民共和国外汇管理条例》中对外汇的解释就是依此定义，即外汇是指下列以外币表示的可以用作国际清偿的支付手段和资产：外币现钞，包括纸币、铸币；外币支付凭证或者支付工具，包括票据、银行存款凭证、银行卡等；外币有价证券，包括债券、股票等；特别提款权；其他外汇资产。

外汇具有三个突出的特点：一是普遍接受性，即外汇必须是在国际上被普遍认可和接受的资产；二是可偿性，即外汇债权应该保证能够得到货币发行国的偿付；三是可兑换性，即某种形式的外汇应该可以自由地兑换为其他外币资产。

2. 汇率也称汇价、外汇牌价或外汇行市，是指一国货币用另一国货币表示的价格，或者以一个国家的货币折算成另一个国家的货币的比率。汇率可以有两种表示方法，既可以用本国货币来表示外国货币的价格，也可以用外国货币来表示本国货币的价格，并以此分为直接标价法和间接标价法。

直接标价法是指以一定单位的外国货币作为标准，折算成若干单位的本国货币来表示的汇率；间接标价法是指以一定单位的本国货币作为标准，折算成若干单位的外国货币来表示的汇率，即本币数量不变，用外国货币的数量变化来表示汇率的变化。

3. 影响汇率变动的主要因素有相对物价水平、相对贸易壁垒、进出口需求、相对生产率、国内利率、国外利率、预期未来汇率的变动。

（七）论述题

1. 根据一价定律，两个国家的同一种商品，如果不考虑运输成本，无论在哪国生产，该产品的价格应当都是一样的。由此可以计算出货币之间交换的比例，汇率就据此确定出来了。一价定律简单明了，但是会遇到一个问题：我们生活的世界商品数量难以计数，究竟用什么品种作为汇率计算的基准呢？因为品种不同汇率不同。为了解决一价定律遇到的难题，购买力评价理论就应运而生了。

购买力平价理论理论认为，人们之所以需要外国货币，是因为它在外国具有对一般商品的购买力；外国人之所以需要本国货币，也是因为它在本国具有购买力。因此，一国货币的对外汇率，主要是由两种货币在其各自国内所具有的购买力决定的，即两种货币的购买力之比决定了两国货币的兑换比率。一国货币的购买力是其国内整体物价水平的倒数。因此，均衡汇率就等于两国物价水平的比率。进一步来看，在一定时期内，汇率的变化也要与该时期两国物价水平的相对变化成比例。但是，购买力平价理论并不能充分解释长期汇率的决定与变动，这主要是因为很多商品和劳务的价格计入了一国的价格水平，但它们并没有进行跨国交易，因此即使它们的价格确实上涨了并导致了该国整体价格水平相对另一国的价格水平上涨，也不会对两国汇率带来直接的影响。

2. 一般认为，在长期，对一国货币汇率的影响主要来自对其可贸易产品的需求。因此，会影响这类需求的因素就是影响汇率的因素。一般认为，这样的因素主要有四个，即相对价格水平、关税和限额、对本国产品相对于外国产品的偏好、生产率。下面我们分别考察在其他条件不变时，这些因素各自变动对汇率的影响。

在长期，一国价格水平相对于别国价格水平上升，将导致该国货币贬值；一国相对价格水平下降，将导致该国货币升值。

一国实施关税和限额会促使其货币在长期中趋于升值。

在长期，一国出口产品偏好的增强将导致该国货币升值；相反，进口产品偏好的增强会导致该国货币贬值。

在长期，如果一国生产率相对于其他国家有所提高，则该国货币将趋于升值；若一国生产率低于其他国家，则该国货币将趋于贬值。

3.（1）预期未来汇率变动。相对物价水平、相对贸易壁垒、进出口需求和相对生产率会对预期未来汇率产生影响，从而进一步影响国内资产需求曲线移动，最终影响汇率的变动。相对物价水平上升，预期未来汇率下降，使得国内资产需求曲线左移，最终使本币贬值，汇率下降；如果增加关税和限额，使得贸易壁垒增强，预期未来汇率上升，使得国内资产需求曲线右移，最终使得本币升值，汇率上升；如果对本国产品相对于外国产品的偏好增强，即出口增加，预期未来汇率上升，使得国内资产需求曲线右移，最终使得本币升值，汇率上升；如果国内相对生产率提高，预期未来汇率上升，使得国内资产需求曲线右移，最终使得本币升值，汇率上升。

（2）国内利率变动。假设即期汇率及其他所有因素不变，如果人民币资产的国内利率上升，人民币资产相对于外国资产的回报率上升，因此人民愿意持有更多的人民币资产。在每一给定的汇率水平上，人们对人民币资产的需求量都会增加，需求曲线向右移动，均衡汇率上升。因此，国内利率水平的上升推动需求曲线向右移动，导致本币升值。

（3）外国利率。假设即期汇率及其他所有因素不变，如果外国利率上升，外国资产相对于人民币资产的回报率上升。那意味着，人民币资产的相对预期回报下降，则人们愿意持有的人民币资产减少。在每一汇率水平上，人民币资金的需求量都减少，需求曲线向左移动，均衡汇率下降，人民币贬值。与此相反，外国利率下降会提高人民币资产的相对预期回报率，推动需求曲线向右移动，汇率上升。因此，外国利率水平的上升推动需求曲线向左移动，导致本币贬值；外国利率水平的下降推动需求曲线向右移动，导致本币升值。

第六章　金融衍生工具

一、教学大纲

（一）教学目的与要求

本章主要讨论常见的金融衍生工具，包括金融远期（forward）、金融期货（futures）、金融期权（options）和互换（swap）。学习完本章，学生应掌握金融远期及其相关知识、金融期货及其相关知识、金融期权及其相关知识、互换及其相关知识。

（二）教学内容梗概

1. 金融远期

（1）金融远期的定义。金融远期工具是一种远期合约，是指交易双方同意在将来的某一确定的日期，按事先规定的价格买入或出售既定数量的某种资产的一种协议。远期合约的交易在柜台市场上（通常是在两家金融机构之间或金融机构与某一客户之间）进行。远期合约不需要保证金。远期合约通常用来对冲价格波动带来的风险。目前，最常见的金融远期合约主要有远期外汇综合协议、远期利率协议。

（2）金融远期合约相关概念。远期合约中的买方（也称多方）承诺在未来某个特定日期、以某个特定价格购买合约的标的资产，简称多头（long position）。合约的卖方（也称空方）承诺在该日期、以该价格出售该标的资产，简称空头（short position）。在合同订立时，远期合约中多空双方所确定的成交价格称为交割价格（delivery price），而假定合约是在该时刻订立的，远期合约所确定的交割价格称为该远期合约在某特定时刻的远期价格（dorward price）。在远期合约订立时，远期价格和交割价格是完全一致的，随后远期价格将会偏离交割价格。

当市场价格高于合约约定的交割价格时，卖方应向买方支付价差金额；当市场价格低于合约约定的交割价格时，买方应向卖方支付价差金额。按照这种交易方式，远期合约的买卖双方可能形成的收益和损失都是“无限大”的。

2. 金融期货

（1）金融期货的定义。金融期货合约是由交易所统一设计推出，并在交易所内集中竞价交易的标准化的远期合约，达成合约的双方同意按合约规定的将来某一特定时间和其他条件以成交价格对合约中载明的标准数量的标的资产进行实际交割。它是一种标准化远期合约，便于在交易所通过公开竞价方式进行集中大规模交易。买卖金融期货合约只需缴纳一定比例的保证金，因此期货交易具有很强的杠杆特性。

（2）金融期货的种类。常见的金融期货有外汇期货合约、利率期货合约和股票指数期货合约。外汇期货合约是以各种可以自由兑换的国际货币作为合约标的物的期货合约，主要是用来防范汇率波动的风险。利率期货合约是以长期国债、短期国库券等作为合约标的物的期货合约，主要是用来防范利率波动风险。股票指数期货合约（简称股指期货）是指以股票价格指数为交易对象的标准化期货合约，股指期货的出现使投资者可以在更为广泛的范围内投资于整个股市而不只是单只股票上，从而避免了进行证券组合投资的麻烦。

（3）金融期货的交易特点。金融期货的交易特点如下：

第一，金融期货合约的买卖双方不必考虑交易对手的信用程度，因此使金融期货交易的速度和可靠性得到大大提高。

第二，金融期货交易最终并未转移资产所有权，而是规避金融现货价格风险。

第三，在金融期货交易中，合约的了结并不一定必须履行实际交货的义务，买卖金融期货合约者在规定的交割日期前任何交易日都可以平仓，无须再履行实际交货的义务。

（4）金融期货交易结算。交易所实行每日无负债结算制度。每日无负债结算（又称逐日盯市）是指每日交易结束后，交易所按当日结算价结算所有合约的盈亏、交易保证金，收取手续费等费用，相应增加或减少会员的结算准备金。每日结算后，交易所向会员提供结算报表。据此，会员对投资者进行结算。交易所在每日结算时划转当日盈亏。当日结算时的交易保证金超过昨日结算时的交易保证金部分从会员结算准备金中扣划。当日结算时的交易保证金低于昨日结算时的交易保证金部分划入会员结算准备金。手续费等各项费用从会员的结算准备金中扣划。结算后，会员的结算准备金余额为负时，交易所即向会员发出追加保证金通知，会员必须在下一个交易日开市前补足。交易所可以根据市场风险和保证金变动情况，在交易过程中进行结算并发出追加保证金通知，会员须在通知规定的时间内补足保证金。未按时补足的，交易所可以按有关规定对其强行平仓。强行平仓是指当会员、投资者违规时，交易所对有关持仓进行平仓的一种强制措施。

3. 金融期权

（1）金融期权的定义。金融期权是指一种提供选择权的交易合约，即赋予合约买方在将来某一特定时间，以交易双方约定的某一执行价格，买入或卖出某一特定标的金融资产的权利。

（2）金融期权的要素。金融期权的要素有期权费，期权交易的参与者，执行价格，开始日、到期日和交割日，金融期权合约的标的物。

（3）金融期权的分类。按照期权买方权利的不同划分，金融期权可划分为看涨期权（call options），简称买权，指赋予合约的买方在未来某一特定时期以交易双方约定的价格买入标的金融资产的权利；看跌期权（put options），简称卖权，指赋予合约的买方在未来某一特定时期以交易双方约定的价格卖出标的金融资产的权利。

按照买方执行期权时限的不同划分，金融期权可划分为欧式期权（european options），该期权的买方只能在期权到期日才能执行期权（行使买进或卖出标的金融资产的权利）；美式期权（american options），该期权的买方可以在期权到期日以前的任何时间执行期权；百慕大期权（bermuda options），该期权的买方可以在到期日前所规定的一系列时间执行期权。

（4）实值、平值与虚值期权。对于看涨期权和看跌期权，都会有实值、平值与虚值三个状态，具体见表 6-1。

表 6-1　实值、平值与虚值期权

状态	看涨期权	看跌期权
实值状态	市场价格>执行价格	市场价格<执行价格
平值状态	市场价格=执行价格	市场价格=执行价格
虚值状态	市场价格<执行价格	市场价格>执行价格

（5）金融期权的盈亏分布。金融期权交易买方是通过执行价格与同期市场价格相比较来确定是否买入或卖出期权合约。在考虑到期权费的情况下，金融期权合约的盈亏分布分析见表 6-2。

表 6-2　金融期权合约的盈亏分布分析

情况	看涨期权	看跌期权
市场价格>执行价格+期权费	有利可图	
市场价格=执行价格+期权费	持平	
市场价格<执行价格+期权费	无利可图	
市场价格>执行价格-期权费		无利可图
市场价格=执行价格-期权费		持平
市场价格<执行价格-期权费		有利可图

4. 互换

互换是一种双方约定在未来的某日彼此交换所要支付的利息或本金的金融交易，互换业务主要包括利率互换和货币互换。

利率互换是指双方同意在未来的一定期限内根据两笔相同货币、相同金额、相同期限的本金交换利息现金流的活动。货币互换是指交易双方在未来一定期限内交换期限相同的两种货币的本金和利息。

二、重点难点分析

本章的主要内容是金融衍生工具的相关知识。本章的重点难点如下：

（1）金融远期的分类，收益和损失是本章的重点内容。

（2）金融期货的种类及交易过程是本章的重点内容，交易特点和交易结算是本章的难点内容。

（3）金融期权是本章的重点难点内容，关于金融期权的要素、分类、盈亏分布的相关知识学生要牢固掌握。

（4）关于互换的相关知识学生要理解掌握。

三、习题练习

（一）单项选择题

1. 金融期货合约的特点不包括（　　）。

A. 标准化　　B. 可转让

C. 即期交割　　D. 具有杠杆性

2. 金融期货的种类有很多，不属于金融期货的有（　　）。

A. 利率期货　　B. 外汇期货

C. 股票指数期货　　D. 大豆期货

3. 交易者新买入或新卖出一定数量的期货合约，被称为（　　）。

A. 建仓　　B. 平仓

C. 持仓　　D. 换仓

4. 美式期权的买方（　　）。

A. 只能在期权到期日才能执行期权

B. 可以在期权到期日以前的任何时间执行期权

C. 可以在到期日前所规定的一系列时间内执行期权

D. 在距期权到期日 7 个交易日内才能执行期权

5. 下列关于货币互换的选项中，正确的是（　　）。

A. 货币互换可以绕开国际资本借贷的关卡限制

B. 货币互换是指双方同意在未来的一定时期内根据两笔同种货币、金额和期限相同的本金交换利息现金流的活动

C. 进行货币互换的原因是双方在获取固定利率贷款和浮动利率贷款上各有优势

D. 在货币互换时，双方不需要交换本金

（二）多项选择题

1. 衍生金融工具的特点有（　　）。

A. 价值受制于基础工具

B. 具有规避风险的职能

C. 构造具有复杂性

D. 设计具有灵活性

E. 运作具有杠杆性

2. 下列选项中，属于衍生工具的有（　　）。

A. 远期

B. 期货

C. 期权

D. 优先股

E. 互换

3. 与金融远期合约相比，金融期货合约的特点是（　　）。

A. 指定交易所

B. 合约标准化

C. 保证金与逐日结算

D. 结束头寸的方法

E. 不同的交易参与者

4. 金融期权的要素包括（　　）。

A. 执行价格

B. 期权交易的参与者

C. 期权费

D. 开始日、到期日和交割日

E. 金融期权合约的标的物

5. 在考虑到期权费的情况下，下列选项中，对于金融期权合约的盈亏分析正确的是（　　）。

A. 当市场价格>执行价格+期权费，此时看涨期权可以获利

B. 当市场价格=执行价格+期权费，此时看涨期权既不盈利也不亏损

C. 当市场价格<执行价格+期权费，此时看涨期权亏损

D. 当市场价格<执行价格-期权费，此时看跌期权亏损

E. 当市场价格=执行价格-期权费，此时看跌期权既不盈利也不亏损

（三）名词解释

1. 金融远期

2. 多头

3. 空头

4. 金融期货

5. 外汇期货合约

6. 利率期货合约

7. 股票指数期货合约

8. 交易保证金

9. 金融期权

10. 执行价格

11. 期权费

12. 看涨期权

13. 看跌期权

14. 美式期权

15. 实值

16. 互换

17. 利率互换

18. 货币互换

（四）判断与分析题

1. 金融衍生工具的杠杆效应一定程度上决定了它的高投机性和高风险性。（　　）

2. 互换交易的主要用途是改变交易者资产或负债的风险结构（比如利率或汇率结构），从而规避相应的风险。（　　）

3. 交易所实行每日无负债结算制度，因此在当日结算后，会员的结算准备金余额为负时，交易所会对其强行平仓。（　　）

4. 在期货市场上买入或卖出一份期货合约，就意味着需要持有到期并进行实物交割或现金结算。（　　）

（五）简答题

1. 简述金融期货的交易特点。

2. 列出金融期权的要素及分类。

3. 简述看涨期权和看跌期权的实值、平值与虚值状态。

（六）论述题

1. 在考虑期权费的情况下，用图形分析金融期权的盈亏分布。

2. 试述金融期货和远期合约的区别。

四、参考答案

（一）单项选择题

1. C　2. D　3. A　4. B　5. A

（二）多项选择题

1. ABCDE　2. ABCE　3. ABCDE　4. ABCDE　5. ABCE

（三）名词解释

1. 金融远期工具是一种远期合约，是指交易双方同意在将来的某一确定的日期，按事先规定的价格买入或出售既定数量的某种资产的一种协议。

2. 远期合约中的买方（也称多方）承诺在未来某个特定日期、以某个特定价格购买合约的标的资产，简称多头。

3. 合约的卖方（也称空方）承诺在该日期、以该价格出售该标的资产，简称空头。

4. 金融期货合约是由交易所统一设计推出，并在交易所内集中竞价交易的标准化的远期合约，达成合约的双方同意按合约规定的将来某一特定时间和其他条件以成交价格对合约中载明的标准数量的标的资产进行实际交割。

5. 外汇期货合约是以各种可以自由兑换的国际货币作为合约标的物的期货合约。

6. 利率期货合约是以长期国债、短期国库券等作为合约标的物的期货合约。由于这类合约中的标的物——债券的价格与利率波动密切相关，并且这类期货主要是用来防范利率波动风险的，因此这类合约称为利率期货合约。

7. 股票指数期货合约是指以股票价格指数为交易对象的标准化期货合约。

8. 交易保证金是指会员单位或客户在期货交易中因持有期货合约而实际支付的保证金。

9. 金融期权是指一种提供选择权的交易合约，指赋予合约买方在将来某一特定时间，以交易双方约定的某一执行价格，买入或卖出某一特定标的金融资产的权利。

10. 执行价格是指在期权合约中双方协定的履行合约时买入或卖出期权标的物的价格。

11. 期权费是指期权合约的买方为取得期权合约所赋予的权利而向期权合约的卖方支付的费用。

12. 看涨期权（call options），简称买权，指赋予合约的买方在未来某一特定时期以交易双方约定的价格买入标的金融资产的权利。

13. 看跌期权（put options），简称卖权，指赋予合约的买方在未来某一特定时期以交易双方约定的价格卖出标的金融资产的权利。

14. 美式期权（american options），指期权的买方可以在期权到期日以前的任何时间执行期权。

15. 当标的物金融资产的市场价格低于执行价格时，该看跌期权合约一般会被执行，因此称其处于实值状态。

16. 互换是一种双方约定在未来的某日彼此交换所要支付的利息或本金的金融交易，互换业务主要包括利率互换和货币互换。

17. 利率互换是指双方同意在未来的一定期限内根据两笔相同货币、相同金额、相同期限的本金交换利息现金流的活动。通常，其中一方的利息是以固定利率计算出来的，而另一方的利息是以浮动利率计算出来的。

18. 货币互换是指交易双方在未来一定期限内交换期限相同的两种货币的本金和利

息。交换的双方通常在不同国家的金融市场上具有融资的比较优势，而又需要另外一种货币，因此出现了货币互换。

（四）判断与分析题

1. 正确。买卖衍生工具的合约一般只需要缴纳一定比例的保证金，这样市场的参与者只需动用少量资金，即可控制资金量巨大的交易合约。财务杠杆作用无疑可以显著提高资金利用率，但是也不可避免地带来了巨大的风险。

2. 正确。利率互换交易可以将一种利率形式的资产或负债转换为另一种利率形式的资产或负债。

3. 错误。结算后，会员的结算准备金余额为负时，交易所即向会员发出追加保证金通知，会员必须在下一个交易日开市前补足，即必须在通知规定的时间内补足保证金。未按时补足的，交易所可以按有关规定对其强行平仓。

4. 错误。如果交易者将这份期货合约保留到最后交易日结束，就必须通过实物交割或现金清算来了结该笔期货交易。大部分交易者一般在最后交易日结束之前择机将买入的期货合约卖出，或者将卖出的期货合约买回，即通过一笔数量相等、方向相反的期货交易来冲销原有的期货合约，以此了结期货交易，解除到期进行实物交割的义务。

（五）简答题

1.（1）由于金融期货合约的买卖双方不必考虑交易对手的信用程度，因此金融期货交易的速度和可靠性得到大大提高。

（2）金融期货交易的最终目的并不是资产所有权的转移，而是通过买卖金融期货合约规避金融现货价格风险。

（3）在金融期货交易中，合约的了结并不一定必须履行实际交货的义务，买卖金融期货合约者在规定的交割日期前任何交易日都可以通过数量相同、方向相反的交易将持有的合约相互抵消（平仓），无须再履行实际交货的义务。

2. 金融期权的要素有期权费，期权交易的参与者，执行价格，开始日、到期日和交割日，金融期权合约的标的物。

按照期权买方权力的不同，金融期权可以分为看涨期权和看跌期权；按照买方执行期权时限的不同，金融期权可以分为欧式期权、美式期权和百慕大期权。

3. 对于看涨期权，当标的物金融资产的市场价格高于执行价格时，该看涨期权合约一般会被执行，因此称其处于实值状态；当标的物金融资产的市场价格等于执行价格时，该看涨期权合约既可以被执行也可以不被执行，因此称其处于平值状态；当标的物金融资产的市场价格低于执行价格时，该看涨期权合约不会被执行，因此称其处于虚值状态。

对于看跌期权，情况正好相反。当标的物金融资产的市场价格低于执行价格时，该看跌期权合约一般会被执行，因此称其处于实值状态；当标的物金融资产的市场价格等于执行价格时，该看跌期权合约既可以被执行也可以不被执行，因此称其处于平值状态；当标的物金融资产的市场价格高于执行价格时，该看跌期权合约不会被执行，因此称其处于虚值状态。

（六）论述题

1. 金融期权交易买方是通过执行价格与同期市场价格相比较来确定是买入或卖出期权合约。因此，在考虑到期权费的情况下，用图形来反映金融期权的盈亏分布，现以买入看涨期权的图形加以说明（见图 6-1）。在执行价格 E 处，期权合约的市场价格等于执行价格，此时执行期权合约，看涨期权买方受损，损失为期权费；在 E 点左边，市场价格低于执行价格，买方放弃期权，其损失为期权费；在 E 与 X 之间，期权的市场价格高于执行价格，买方行使期权，但行使期权的收益不足以弥补期权费，因此仍有损失，但损失越来越小；当市场价格位于 X 点时，买方行使期权获得的收益正好弥补期权费，最终收益为零；当市场价格在 X 点右边时，期权的市场价格大于执行价格和期权费之和，买方行使期权的收益大于期权费，因此最终获得正的收益，其收益随着市场价格上升而越来越大。从图 6-1 中可以看出，买入看涨期权的买方损失是有限的，而收益可能是无限大的。这种分析思路同样也适用于图 6-2 的卖出看涨期权盈亏分析、图 6-3 的买入看跌期权盈亏分析和图 6-4 的卖出看跌期权盈亏分析。

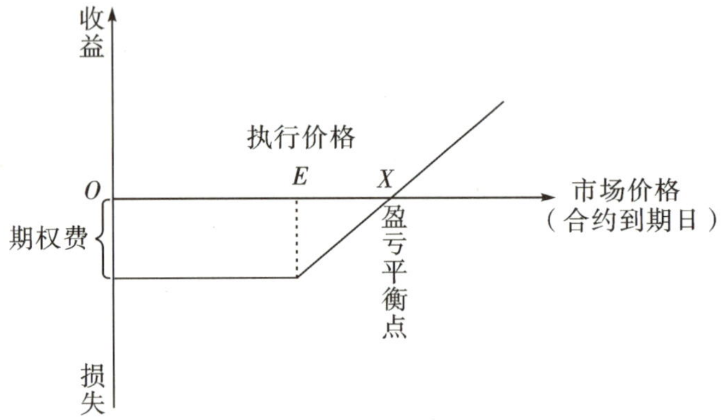

图 6-1 买入看涨期权盈亏分布

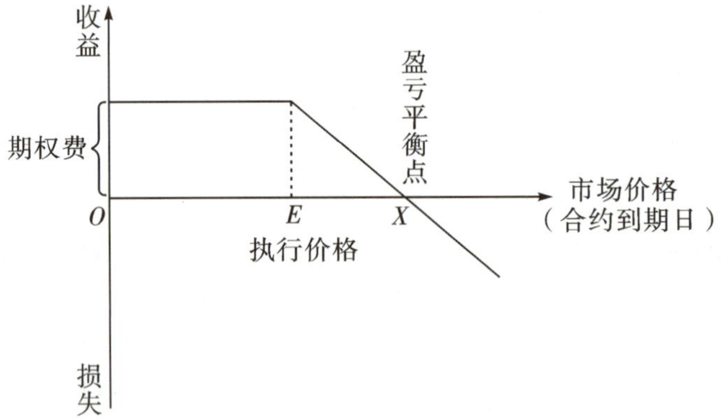

图 6-2 卖出看涨期权盈亏分布

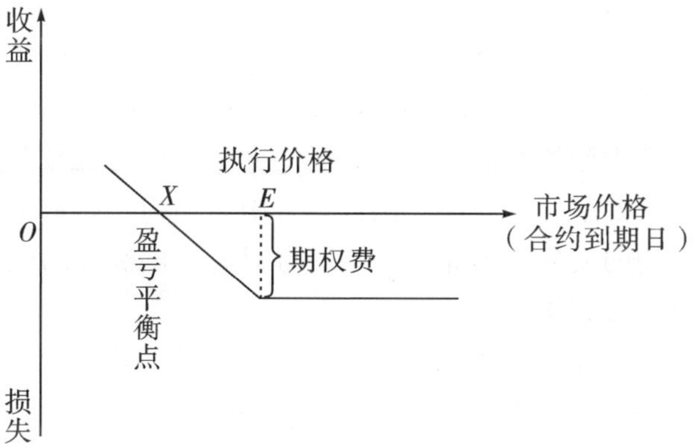

图 6-3　买入看跌期权盈亏分布

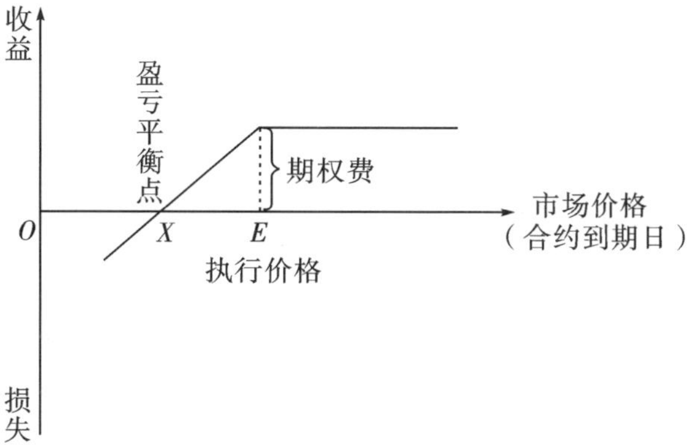

图 6-4　卖出看跌期权盈亏分布

2. 金融期货交易是在金融远期合约交易的基础上发展起来的。两者最大的共同点是均采用先成交、后交割的交易方式，但两者也有很大的区别。具体来说，金融期货合约和金融远期合约的区别如下：

（1）指定交易所。期货必须在指定的交易所内交易，交易所必须能提供一个特定的、集中的场地。交易所也必须能规范客户的订单在公平合理的交易价格下完成。期货合约在交易厅内公开交易，交易所必须保证让当时的买卖价格能及时并广泛地传播出去，使得期货从交易的透明化中享受到交易的好处。远期合约的市场组织较为松散，没有交易所，也没有集中交易地点，交易方式也不是集中式的。

（2）合约标准化。金融期货合约是符合交易所规定的标准化合约，对于交易的金融商品的品质、数量、到期日、交易时间、交割等级都有严格而详尽的规定；远期合约对于交易商品的品质、数量、交割日期等，均由交易双方自行决定，没有固定的规格和标准。

（3）保证金与逐日结算。远期合约交易通常不缴纳保证金，合约到期后才结算盈亏。期货合约交易则不同，必须在交易前缴纳合约金额的 5%～10% 为保证金，并由清算公司进行逐日结算，如有盈余可以支取，如有损失且账面保证金低于维持水平时，必须及时补足。这是避免交易所信用危机的一项极为重要的安全措施。

（4）头寸的结束。结束期货头寸的方法有三种：第一，由对冲或反向操作结束原有头寸，即买卖与原头寸数量相等、方向相反的期货合约。第二，采用现金或现货交割。第三，实行期货转现货交易（exchange for physicals）。在期货转现货交易中，交易双方承诺彼此交换现货与以该现货为标的的期货合约。远期交易由于是交易双方依各自的需要而达成的协议，价格、数量、期限均无规格，倘若一方中途违约，通常不易找到第三者能无条件接替承受该权利所承担的义务。因此，违约一方只有提供额外的优惠条件要求解约或找到第三者接替承受原有的权利义务。

（5）交易的参与者。远期合约的参与者大多是专业化生产商、贸易商和金融机构，而期货合约交易的参与者众多，市场的流动性和效率都很高，参与交易的可以是银行、公司、财务机构、个人等。

第七章　商业银行业务与管理

一、教学大纲

（一）教学目的与要求

本章主要讨论商业银行的概念、类型、功能、组织结构、业务情况以及有关商业银行资产负债管理与风险管理的知识。学习完本章，学生应掌握商业银行的基本功能、商业银行的组织结构与发展趋势、商业银行经营管理的原则与理论演化、商业银行的主营业务、商业银行风险的种类与风险管理方法。

（二）教学内容梗概

1. 商业银行概述

（1）商业银行的概念与类型。传统的商业银行是指以吸收存款、发放贷款、办理结算为基本业务，以获取利润为目的，具有独立法人资格的金融企业。现代意义上的商业银行是指运用公众资金，以获取利润为经营目标，以多种金融资产和金融负债为经营对象，具有综合性服务功能的，并在经济生活中起着多方面作用的金融服务企业。

商业银行有三种常见的分类方法：一是按资本所有权划分，商业银行可以分为私人银行、股份制银行和国家所有的银行；二是按业务覆盖地域划分，商业银行可以分为地方性银行、区域性银行、全国性银行和跨国银行；三是按经营模式划分，商业银行可以分为职能分工型银行和全能型银行。

（2）为什么需要商业银行。商业银行是为了满足经济社会的需要而产生的一类机构，它们具有非常重要及特殊的功能。其功能主要表现在信用中介功能、支付中介功能、信用创造功能、经济调节功能和金融服务功能。

（3）商业银行的组织制度。

①商业银行的外部组织形式。

第一，单元制。单元制又称单一银行制或独家银行制，是指那种仅设立总行，业务活动完全由总行经营，下面不设立任何分支机构的商业银行的组织形式。目前，这种制度主要存在于美国。

第二，分支行制。分支行制是指在设立总行的同时，又在总行之下设立众多的分支机构的商业银行制度。这是当今世界上绝大多数国家的商业银行所采取的外部组织形式。

第三，银行持股公司制。银行持股公司制是指以一家或多家银行的股票作为其资产的公司。这种公司虽然在名义上拥有多家银行，而且从表面上看这些银行也是其附属机构，但实际上这些银行控股公司往往是由商业银行组建，并由商业银行操纵和控制的一种组织。

第四，连锁银行制。连锁银行制是指两家以上的商业银行受控于同一个人或同一个集团但又不以股权公司的形式出现的制度。

第五，代理银行制。代理银行制是指商业银行相互间签有代理协议，委托对方银行代办指定业务的制度。

②商业银行的内部组织结构。在国际上，商业银行一般采取股份有限公司的组织形式。因此，在通常的情况下，我们可以把商业银行的内部组织形式分成三大块：决策机构、执行机构和监督机构。

决策机构一般包括股东大会、董事会以及董事会下设的各种委员会，如战略发展委员会、风险管理委员会等。

执行机构包括商业银行的总经理（行长）及其领导下的副总经理（各副行长）、各执行委员会、各业务部门、各级分行以及各职能部门。执行机构负责实施决策部门的各项决议，具体从事商业银行的各项业务活动，对商业银行进行日常的经营与管理。

监督机构主要包括监事会和直接向董事会负责的总稽核。

（4）商业银行的发展趋势。世界经济一体化、金融自由化进程的加快以及信息技术的突飞猛进，这些因素正推动全球银行业发生着深刻的变化，商业银行的发展趋势主要体现在经营电子化与自动化、经营方式网络化、业务多元化与全能化、金融活动全球化、竞争激烈化与监管动态调整。

2. 商业银行的经营管理理论

（1）经营管理的一般原则。《中华人民共和国商业银行法》明确规定：商业银行以安全性、流动性、效益性为经营原则。

安全性是指商业银行的资产、收益、信誉以及生存发展条件免遭损失的可靠程度；流动性是指商业银行的资产在不受损失的前提下迅速变现的能力；效益性是指商业银行获得利润的能力，追求利润是商业银行的最终目标，因此效益性又称盈利性。

安全性、流动性、效益性是商业银行在经营过程中必须时刻注意并严格遵循的三大原则。它们之间既有相互统一的一面，也有相互矛盾的一面。

从统一的角度讲，安全性是前提和基础，只有保证经营的安全，才能去追求正常的盈利；同时，流动性是条件和手段，只有保证了信贷资金的正常流动，才能确立商业银行的信用中介地位；最后，效益性，即取得盈利是目的。

从矛盾的角度讲，流动性强、安全性好，效益性一般较低；效益性较高的资产，往往流动性较差、风险较大。

（2）资产管理理论。在初期阶段，银行业长时间秉持着资产管理理念，并以银行资产的安全性和流动性为管理重点，由此便形成了资产管理理论。该理论共经历了三个不同的发展阶段，即商业性贷款理论、转移理论、预期收入理论。

（3）负债管理理论。负债管理理论是在资产管理理论之后出现的商业银行经营管理理论。负债管理理论的形成原因主要有追求高额利润的内在动力和市场激烈竞争的外在压力；经济的发展和资金需求的上升迫切需要银行为社会提供更多的资金；银行管理制度的限制以及社会经济中严重的通货膨胀，使存款利息在吸引资金方面的竞争力不断下降，单靠传统的吸存方式已经无法满足银行资产业务对资金的需求，客观上要求银行发展多种负债形式；存款保险制度的建立与发展进一步刺激了负债经营的发展。

（4）资产负债管理理论。资产负债管理是指商业银行在业务经营过程中，按照实际需要，运用科学的管理手段，对经营的各类资产与负债进行计划和统筹安排，对其进行控制与调节，使之在总量上均衡、结构上优化，从而实现“三性”的均衡，达到商业银行自我控制、约束与发展的理想境界。资产负债管理理论产生的原因主要是经济环境变化的客观要求和金融形势变化的客观要求，外部环境的变化对商业银行“三性”原则又提出了更高的要求。

（5）资产负债外管理理论。立足于资产负债表内业务管理的资产负债综合管理显示出其局限性，于是资产负债外管理理论逐渐兴起。该理论主张银行应从传统的负债和资产业务以外去开拓新的业务领域与盈利源泉。该理论还提倡将原本资产负债表内的业务转化为表外业务。资产负债外管理理论的兴起是对资产负债综合管理理论的补充，前者用于管理银行表外业务，后者用于管理银行表内业务。目前，两者都被应用于全球顶尖级商业银行的经营管理之中。

3. 商业银行经营的主要业务

（1）银行财务报表概述。资产负债表列出了某一特定时刻所吸收的用于发放贷款和投资的资金（资金的投入）总数和组成以及贷款、证券和其他资金使用（资金产出）的分配额度。资产按照其流动性的强弱顺序排列，负债按照其偿还期的长短排列，所有者权益按照其永久性递减的顺序排列（见表 7-1）。

表 7-1　商业银行资产负债表的主要项目

资产（资金的利用和支出）	负债+所有者权益（资金的来源和投入）
现金及存放同业的款项（一级储备）	公众存款（活期存款、储蓄及定期存款）
流动性证券（二级储备）	非存款负债
证券投资（产生收入的部分）	
贷款和备抵科目	所有者权益（股本、资本公积、留存收益等）
其他资产（固定资产等）	

注：资产等于负债加所有者权益之和。

利润表中的资金投入和产出列出了银行获得存款和其他资金的成本及使用这些资金获得的收入（见表 7-2）。

表 7-2　商业银行利润表的主要项目

收入（使用资金及其他资产生产和销售业务的收益）
贷款和投资的利息收入
非利息收入（其他资产经营的收入）
支出（获得提供服务需要的资金及其他银行资源的成本）
存款的利息支出
非存款借款的利息支出
工资和期间费用支出
贷款损失准备
其他支出
税前净营业收入（上面所列的收入-支出）
税收
证券交易的收益或损失
净收益（税前净营业收入-税收+证券投资净收益）

注：总收入减去总成本等于净收益。

（2）资产业务。银行的资产业务就是资金运用的业务。该业务至少在目前还是我国商业银行最重要的业务，它是商业银行获取利润的主要来源。商业银行的资产包括现金资产、贷款资产、证券资产、汇差资产、固定资产等。

（3）负债业务。负债业务是指形成商业银行资金来源的业务，是商业银行最主要的业务，是商业银行开展其他业务的基础。商业银行的负债由三大部分组成，即存款负债、借入负债和结算中的负债。

（4）中间业务。中间业务就是商业银行不用或较少占用商业银行自己的资金，以中间人的身份为客户办理收付和其他委托事项，提供各种金融服务并收取各种费用的业务。中间业务的种类繁多，主要包括支付结算类业务、银行卡业务、代理类中间业务、基金托管类业务和咨询顾问类业务。

（5）表外业务。表外业务从字面上理解，就是资产负债表以外的业务。从广义上看，它既包括前面的金融服务类的中间业务，也包括或有资产、或有负债的业务；从狭义上理解，它仅指后一类业务。这一类业务虽然不在资产负债表中反映，但是与表内的资产业务、负债业务关系十分密切，可以在一定的条件下转化为表内的业务，因此也被称为或有资产、或有负债。表外业务的最大特点就是要求商业银行对市场有比较准确的预测，对客户的信誉度要求也较高，对商业银行的管理水平和具体操作人员的基本素质要求严格，业务的收益率较高，但风险也较大。

表外业务的出现与发展，为商业银行的可持续发展打开了一片崭新而宽阔的市场空间。表外业务主要包括担保或类似的或有负债、承诺类业务和金融衍生工具三大类。

4. 商业银行风险管理

（1）商业银行风险管理概述。商业银行风险就是指商业银行经营过程中由于各种不确定因素的存在，而使商业银行遭受经济损失的可能。

商业银行风险的特征是具有普遍性、扩散性、隐蔽性和客观性。

商业银行风险可以有多种表现形式，巴塞尔银行监管委员会将商业银行面临的风险分为信用风险、市场风险、操作风险、流动性风险、国家风险、声誉风险、法律风险以及战略风险八大类。前面四类风险是商业银行较常见的，并可以主动管理的风险类别。

信用风险是指由商业银行债务人的债务违约行为导致贷款或证券等商业银行持有的资产无法按期足额收回本金和利息所造成损失的可能性。

市场风险是指因为市场价格的不利变动造成商业银行表内及表外业务发生损失的可能性，包括利率风险、汇率风险、股票风险、商品价格风险等。

操作风险是由于银行内部的信息系统、控制系统或公司治理机制的不完善以及外部事件造成银行损失的可能性。

流动性风险是指商业银行无法以合理的成本及时获得充足的资金，用于偿付到期债务、履行其他支付义务和满足正常业务开展的其他资金需求的风险。

（2）商业银行风险管理的方法。

①风险的预防。风险的预防是指对于可能发生的风险设置层层防火屏障，如法定存款准备金、超额准备金、普通呆账准备金和专项呆账准备金、资本损失准备金、充足的资本金比率。

②风险的回避。风险的回避是指商业银行对于风险明显的经营活动所采取的避让的处理方式。风险的回避实际上是对风险的事前控制，是针对已经意识到的高风险，采取主动放弃或拒绝承担风险的办法。例如，商业银行在经营过程中，主动放弃对某一产业、某一企业、某一项目的贷款支持。

③风险的分散。风险的分散是为了控制风险过于集中而将风险组合多元化的一种措施。商业银行风险分散的方式很多，其中包括银行客户分散、银行信贷资金期限分散、银行贷款利率分散、银团贷款等。除此之外，银行风险的分散还包括银行信贷资产在行业、地区、币种等方面的结构性分散。

④风险的转移。风险的转移也是一种事前控制风险的手段。风险的转移是指利用某些合法的交易方式和业务手段，将可能发生风险的全部或部分转嫁给他人承担，以保证银行

自身资金安全的行为。风险的转移途径和方式主要有风险资产出售、担保、抵押、保险、市场交易等。

⑤风险的补偿。风险的补偿是指商业银行用资本、利润、抵押品拍卖收入等资金补偿其在某种风险上遭受的损失。风险的补偿方式主要有贷款时要求提供担保和抵押物、按规定比例提取各种呆坏账准备金、保持充足的资本金比率等。

（3）信用风险管理。

①信用风险的识别。信用风险的识别是指银行通过对经营环境变化情况、客户或交易对手的了解、考察与分析，辨别出债务人或交易对手违约可能性或信用质量变化以及识别造成的损失的过程。信用风险的识别主要有系统性分析和非系统性分析。

系统性分析主要是指对宏观的系统性环境进行研究。系统性风险主要包括宏观经济风险、行业风险、区域风险等；非系统性分析主要是指对经济个体的分析，包括对经济个体的基本信息分析、财务状况分析和非财务因素分析。

②信用风险的度量。信用风险的度量是现代信用风险管理的基础，包括客户评级和债项评级。客户评级是指商业银行对客户偿债能力和意愿的计量与评价；债项评级是指商业银行对客户违约后的债项损失大小的估计。客户评级与债项评级构成了信用风险评价的两个维度。

（4）市场风险管理。市场风险是指由金融市场因素，如利率、汇率、证券价格、商品价格等的不利变化而导致银行资产业务、负债业务和表外业务发生损失的可能性。市场风险识别与信用风险识别有共同之处。市场风险的度量方法有很多，如缺口-久期分析、在险价值（VaR）分析和压力测试等。

①缺口-久期分析。

第一，缺口分析。

净利息收入变化=(利率敏感性资产-利率敏感性负债)×利率变化

当某一时期内资产大于负债时，缺口为正，就产生资产敏感性缺口。利率下降会导致银行净利息收入减少。因此，资产敏感性缺口需要防范的是利率下降的风险。当某一时期内负债大于资产时，缺口为负，就产生负债敏感性缺口。利率上升会导致银行净利息收入减少。因此，负债敏感性缺口需要防范的是利率上升的风险。

第二，久期分析。久期分析也被称为持续期分析。它测度的是证券价格对收益率变化的反映。其近似公式为：

$$\frac{\mathrm{d}P}{\mathrm{d}y}=-P\frac{D}{1+y}=-P\cdot D^{*}$$

式中，P 表示证券价格，y 表示到期收益率，$\frac{\mathrm{d}P}{\mathrm{d}y}$ 表示到期收益率的变动引起的证券价格的变动，D 表示麦克雷持续期，D^{*} 表示修正的持续期。从这个公式可以看出，持续期越长，价格波动越大，风险越高。

②在险价值（VaR）分析。在险价值是指在正常的市场条件中，在给定时间与给定概率水平下，持有一种证券或资产组合可能遭受的最大损失。在险价值分析试图回答的问题

是在较低的概率下（比如说 1%的可能性下，或者说置信水平为 99%），既定时间内实际损失可能超过的最大损失是多少？在险价值的计算有两种：均值 VaR 和零值 VaR。

均值 VaR＝预期收益（损失）－置信水平下可能遭受的最大损失

均值 VaR $=E(V)-V^{*}=V(1+\mu)-V(1+R^{*})=V(\mu-R^{*})$

零值 VaR＝置信水平下可能遭受的最大损失

零值 VaR $=-V(1+R^{*})$

式中，V 表示风险敞口的初始值，V^{*} 表示置信水平下可能遭受的最大损失，μ 表示预期收益率，R^{*} 表示置信水平下可能遭受最大损失的收益率，均值 VaR 表示资产价值的相对损失，零值 VaR 表示资产价值的绝对损失，也被称为“绝对 VaR”。

③压力测试。压力测试是估算小概率事件（如突发的极端不利情形）可能造成的潜在损失。因此，压力测试和情景分析一样是对在险价值方法的一种补充。常见的压力种类有七种：利率、汇率、权益资产价格、商品价格、信用价差、互换差价和波动性。压力测试就是分析这些类别的压力发生极端不利变化时，金融机构的损失承受能力。又由于这些压力的极端变化往往发生在一定的情景中，因此压力测试往往会结合情景分析和敏感性分析进行模拟。

（5）操作风险管理。操作风险是由银行内部的信息系统、控制系统或公司治理机制的不完善以及外部事件造成银行损失的可能性。

①风险识别。风险识别是风险管理过程的初始阶段，风险识别准确、完备与否对后续的风险管理至关重要。概括起来，操作风险识别过程主要包括六个方面的内容：潜在操作风险的整体情况、银行运行所处的内外环境状况、银行的战略目标、银行提供的产品和服务、银行独特的环境因素、银行内外部环境的变化及变化速度。

②风险评估和量化。风险评估方法有自我评估法、损失事件数据法和流程图法等，目前主要运用的是自我评估法。自我评估法是在内部控制体系的基础上，开展全员风险识别，从损失大小和损失概率两个方面来评估风险大小。

风险度量是对操作风险暴露的量化过程。《巴塞尔新资本协议》里对操作风险的度量有三种方法：基本指标法、标准法和高级衡量法。

（6）流动性风险管理。流动性风险管理是商业银行资产负债管理的重要组成部分。狭义的流动性风险是指流动性不足带来的损失可能性。

①流动性风险的识别。识别流动性风险，重点在于分析商业银行的资产流动性和负债流动性。资产流动性是指银行的资产在及时变现时不受损失的能力，负债流动性是指银行筹资时能够以较低的成本及时获得需要资金的能力。

②流动性风险的度量。

第一，比率分析。反映商业银行等机构流动性水平的比率主要包括流动资产比率、流动负债比率、流动比率等。

第二，缺口分析。流动性缺口是指银行资产与负债之间的差额。其计算公式为：

流动性缺口＝流动性供给（资产）－流动性需求（负债）

当流动性缺口为正时，流动性供给大于流动性需求，流动性过剩，不造成狭义的流动性风险。当流动性缺口为负时，流动性供给小于流动性需求，流动性不足，此时流动性风险暴露。

《巴塞尔协议Ⅲ》将流动性风险监管作为核心，该协议确立了两个全球统一的流动性风险监管指标：短期监管指标——流动性覆盖率（LCR）和长期监管指标——净稳定融资比例（NSFR）。

二、重点难点分析

本章的主要内容是商业银行的起源、功能、组织结构、业务情况以及商业银行资产负债管理与风险管理的知识。本章的重点难点如下：

（1）商业银行的起源和商业银行的功能是本章的重点内容。商业银行的功能有信用中介功能、支付中介功能、信用创造功能、经济调节功能和金融服务功能。近年来，随着金融“脱媒”现象的日趋严重与利率市场化的加速推进，商业银行传统的信贷业务发展受到制约，而其金融服务功能逐渐成为其营业收入的重要来源，对商业银行的可持续经营影响深远。

（2）商业银行经营的一般原则是本章的重点内容。安全性、流动性和效益性是商业银行在经营过程中必须始终坚持的原则。三者之间首先是统一的，安全性是前提和基础、流动性是条件和手段、效益性是目的，它们的协调一致，保证了商业银行经营活动正常而有序地进行。它们之间又是矛盾的，安全性、流动性的提高会削弱效益性，而效益性的提高要降低资金的安全性和流动性。银行家必须加以权衡，处理好三者之间的关系，使其达到最佳的组合状态。

（3）商业银行的资产负债管理理论也是本章的重点内容。学生要掌握资产管理理论和负债管理理论以及两者的不足。本章在两者的不足之上引出了资产负债管理理论。该理论运用科学的管理手段，对经营的各类资产与负债进行计划与统筹安排，对其进行控制与调节，从而实现“三性”的均衡。该理论产生的原因以及原则也是学生需要重点掌握的知识点。

（4）商业银行经营的主要业务是本章的重点难点。资产业务和负债业务是银行的传统主营业务，这些业务一般会在资产负债表中得到反映。随着经济全球化、金融市场化进程的加快以及信息技术的飞速发展，全球银行业的业务构成也发生着深刻的变化，表外业务和中间业务对保障银行的财务可持续正变得越来越重要。

（5）商业银行的风险管理是本章的重点难点。学生要掌握商业银行风险的特征、种类。银行风险管理的方法有风险的预防、风险的回避、风险的分散、风险的转移和风险的补偿。学生要重点掌握信用风险管理、市场风险管理、操作风险管理和流动性风险管理。

三、习题练习

（一）单项选择题

1. 当前，西方发达国家商业银行最主要的组织形式是（ ）。

A. 私人银行 B. 合伙组织的银行

C. 国家商业银行 D. 股份制银行

2. 商业银行的资产业务是指（ ）。

A. 资金来源业务 B. 存款业务

C. 中间业务 D. 资金运用业务

3. 下列选项中，属于商业银行的表外业务的是（ ）。

A. 结算业务 B. 信托业务

C. 承诺业务 D. 代理业务

4. 目前，在商业银行的全部资金来源中占最高比例的是（ ）。

A. 负债 B. 存款

C. 自有资本 D. 借款

5. 资产管理理论是以商业银行资产的（ ）为重点的经营管理理论。

A. 盈利性与流动性 B. 流动性

C. 流动性与安全性 D. 安全性与盈利性

6. 反映商业银行某一时点上资产负债和其他业务（股东权益）的存量的财务报表是（ ）。

A. 现金流量表 B. 损益表

C. 资产负债表 D. 财务状况变动表

7. 从传统商业银行到现代商业银行之间不变之处在于（ ）。

A. 资金来源不变 B. 资金运用不变

C. 客户不变 D. 对盈利的追求不变

8. 商业银行的资本是由（ ）构成的。

A. 实有资本和虚拟资本 B. 核心资本和附属资本

C. 金融资本和产业资本 D. 固定资本和流动资本

9. 商业银行的资产负债比例管理就是（ ）管理。

A. 按照资产和负债的比例 B. 建立一系列指标体系

C. 按照资本和资产的比例 D. 建立资本、资产和负债的比例

10. 下列选项中，属于银行中间业务的是（ ）。

A. 结算类业务 B. 备用信用证

C. 贷款承诺 D. 证券投资

11. 下列有关银行财务报表的选项中，正确的是（　　）。
A. 银行的资产是其资金的来源
B. 银行的负债是其自己的运用
C. 短期贷款是商业银行所有资产中流动性最强的
D. 资产-负债=所有者权益
12. 下列选项中，不是对表外业务的描述的是（　　）。
A. 商业银行通过发放抵押贷款，并将这份贷款的收受权益转售给信托公司
B. 商业银行通过签发银行承兑汇票，为企业的债务进行担保
C. 商业银行代理外贸企业进行外汇兑换
D. 商业银行为工商企业发放贷款
13. 如果银行资产的平均久期为 4 年，那么利率上升 2%，银行资产的价值将（　　）。
A. 上升 2%　　B. 下跌 2%　　C. 上升 8%　　D. 下跌 8%
14. 下列选项中，不是银行降低信用风险的方式的是（　　）。
A. 搜集潜在借款人的信息，甄别除去高风险借款人
B. 建立与借款人的长期联系
C. 使用缺口分析，帮助银行避免利率波动风险
D. 在贷款合约中添加限制性条款
15. 信托和租赁属于商业银行的（　　）。
A. 资产业务　　B. 负债业务
C. 中间业务　　D. 衍生金融业务

（二）多项选择题

1. 商业银行的功能主要有（　　）
A. 信用中介与支付功能　　B. 社会福利与慈善功能
C. 信用创造与政策功能　　D. 服务性功能
E. 政策调节与社会调节功能
2. 商业银行的发展趋势是（　　）。
A. 服务范围日益扩大和银行业务全球化
B. 高新技术广泛应用
C. 证券化趋势明显和金融监管放松
D. 盈利水平越来越高
E. 经营风险逐渐加大
3. 商业银行的经营原则是（　　）。
A. 安全性　　B. 社会性
C. 流动性　　D. 政策性
E. 盈利性

4. 西方商业银行的经营管理理论主要经历了（　　）等阶段。
A. 资产管理理论　B. 负债管理理论
C. 转移理论　D. 预期收入理论
E. 资产负债管理理论
5. 商业银行的负债主要由（　　）等组成。
A. 存款负债　B. 资本负债
C. 借入负债　D. 现金负债
E. 结算中的负债
6. 商业银行的资产主要由（　　）等组成。
A. 现金资产与汇差资产　B. 贷款资产与证券资产
C. 固定资产与流动资产　D. 现金资产与股票资产
E. 固定资产
7. 商业银行的表外业务主要有（　　）。
A. 贷款承诺与贷款销售　B. 金融期货与金融期权
C. 远期与互换　D. 委托收款与财务管理
E. 开立备用信用证
8. 商业银行的外部风险主要有（　　）。
A. 国家风险与政策风险　B. 市场风险与信用风险
C. 决策风险与资本风险　D. 宏观风险与微观风险
E. 法律法规风险
9. 商业银行贷款风险的五级分类是（　　）。
A. 正常类与关注类　B. 次级类与可疑类
C. 呆账类与呆滞类　D. 正常类与逾期类
E. 损失类
10. 资产负债管理理论的原则包括（　　）。
A. 对称原则　B. 资产分散原则
C. 目标互补原则　D. 盈利性最大化原则
E. 安全性最高原则
11. 商业银行中间业务包括（　　）。
A. 银行卡业务　B. 转贴现和转抵押业务
C. 代理类业务　D. 个人理财业务
E. 发行金融债券
12. 根据巴塞尔银行监管委员会的分类，属于商业银行主动管理的风险的是（　　）。
A. 流动性风险　B. 市场风险
C. 战略风险　D. 信用风险
E. 操作风险

13. 商业银行风险管理的方法有（　　）。

A. 风险的预防　　B. 风险的回避

C. 风险的分散　　D. 风险的转移

E. 风险的补偿

14. 下列关于利率风险的选项中，错误的有（　　）

A. 利率上升，会使得银行利润增加

B. 利率下降，会使得银行利润增加

C. 如果银行的利率敏感性负债大于资产，则利率上升会使得银行利润增加

D. 如果银行的利率敏感性负债大于资产，则利率上升会使得银行利润减少

E. 通常情况下，银行的利率敏感性资产大于负债

（三）名词解释

1. 商业银行

2. 资产负债表

3. 资产业务

4. 负债业务

5. 中间业务

6. 表外业务

7. “三性” 原则

8. 资产负债管理

9. 资产分散原则

10. 商业银行风险

11. 商业银行风险的普遍性

12. 商业银行风险的扩散性

13. 信用风险

14. 操作风险

15. 市场风险

16. 流动性风险

17. 风险分散

18. 风险转移

19. 风险补偿

20. 缺口分析

21. 久期分析

（四）判断与分析题

1. 货币经营业一旦从事存款业务，便转化成为商业银行。（　　）
2. 在准备金制度和现金结算的条件下，商业银行可以创造信用量。（　　）
3. 从某种程度上讲，单元制银行与商业银行的发展趋势是一致的。（　　）
4. 商业银行的风险回避就是放弃做有风险的业务。（　　）
5. 商业银行的安全性、流动性和盈利性可以同时满足。（　　）
6. 金融服务功能并不是商业银行营业收入的主要来源。（　　）
7. 资产负债管理理论的目标互补原则说明商业银行“三性”要达到固定的均衡状态。（　　）
8. 承兑业务不属于传统的商业银行中间业务。（　　）

（五）简答题

1. 商业银行的概念是什么？这个概念为何会发生变化？

2. 为什么说商业银行是一个特殊的企业，其特殊性表现在哪儿？

3. 商业银行的中间业务与表外业务的联系与区别是什么？

4. 简述“三性”原则之间的关系。

5. 简述商业银行风险的特征和种类。

（六）论述题

1. 论述资产负债管理理论的产生原因及原则。

2. 为什么有人说商业银行将在不久后消失，对此谈谈你的看法？

3. 假设光华银行拥有1.5亿元固定利率资产、3亿元利率敏感性资产、2.5亿元固定利率负债和2亿元利率敏感性负债。试问：当利率上升1个百分点时，光华银行的利润如何变化？光华银行可以采取什么措施避免这种风险？

四、参考答案

（一）单项选择题

1. D　2. D　3. C　4. B　5. C　6. C　7. D　8. B　9. B　10. A
11. D　12. D　13. D　14. C　15. C

（二）多项选择题

1. ACD　2. ABCE　3. ACE　4. ABE　5. ACE
6. ABE　7. ABCE　8. AB　9. ABE　10. ABC
11. ACD　12. ABDE　13. ABCDE　14. ABCE

（三）名词解释

1. 现代商业银行就是运用公众资金，以获取利润为经营目标，以多种金融资产和金融负债为经营对象，具有综合性服务功能的，并在经济生活中起多方面作用的金融服务企业。

2. 资产负债表是商业银行最重要、最常用的财务报表，它综合显示了商业银行在某一时点上资产、负债以及其他业务的存量，通常以某种货币形式反映出商业银行在一年、半年、一个季度或一个月的最后一天所持有的资产、负债和资本（股东资金）的存量。

3. 银行的资产业务就是资金运用的业务。该业务至少在目前还是我国商业银行最重要的业务，它是商业银行获取利润的主要来源。

4. 负债业务是指形成商业银行资金来源的业务，是商业银行最主要的业务，是商业银行开展其他业务的基础。

5. 中间业务是指商业银行不用或较少占用商业银行自己的资金，以中间人的身份为客户办理收付和其他委托事项，提供各种金融服务并收取各种费用的业务。该业务是由资产业务和负债业务衍生而来的，不在资产负债表中反映，具有相对的独立性。

6. 表外业务从字面上理解，就是资产负债表以外的业务。从广义上看，它既包括前面的金融服务类的中间业务，也包括或有资产、或有负债的业务；从狭义上理解，它仅指后一类业务。我们这里讲的是狭义的表外业务，即这一类业务虽然不在资产负债表中反映，但是与表内的资产业务、负债业务关系十分密切，可以在一定的条件下转化为表内的业务，因此也被称为或有资产、或有负债。

7. 西方国家的商业银行都把盈利性、安全性、流动性作为业务经营的三大原则。《中华人民共和国商业银行法》明确规定：商业银行以安全性、流动性、效益性为经营原则。

8. 资产负债管理是指商业银行在业务经营过程中，按照实际需要，运用科学的管理手段，对经营的各类资产与负债进行计划与统筹安排，对其进行控制与调节，使之在总量上均衡、结构上优化，从而实现“三性”的均衡，达到商业银行自我控制、约束与发展的理想境界。

9. 资产分散原则是指商业银行的资产无论是从总体结构的安排上，还是某一具体业务的种类上，或者是贷款客户的选择上，都应该适当分散，避免过于集中，尽量选择一些相对独立、相关系数较小的内容（如客户、证券、贷款、投资等），以降低风险发生的频率和程度，减少坏账损失。通俗来说，就是“不要把鸡蛋放在一个篮子里”。

10. 商业银行风险是指商业银行经营过程中由于各种不确定因素的存在，而使商业银行遭受经济损失的可能。

11. 商业银行风险的普遍性是指商业银行的业务普遍存在风险，绝对的安全是不存在的。原因在于商业银行的业务是以信用为基础的，商业银行是信用的融资中心，在这个相互密切联系的信用多边关系体中，风险是无处不在、无时不在的。

12. 商业银行风险的扩散性是指由于商业银行的地位与特殊作用，一旦发生风险，就很容易蔓延与扩散，从而给经济社会造成极大的杀伤力。

13. 信用风险也称违约风险，是指由商业银行债务人的债务违约行为导致贷款或证券等商业银行持有的资产无法按期足额收回本金和利息所造成损失的可能性。

14. 操作风险是指由银行内部的信息系统、控制系统或公司治理机制的不完善以及外部事件造成银行损失的可能性。

15. 市场风险是指因市场价格的不利变动造成商业银行表内及表外业务发生损失的可能性，包括利率风险、汇率风险、股票风险、商品价格风险等。其中，利率风险是商业银行面临的最大的市场风险。

16. 流动性风险是指商业银行无法以合理的成本及时获得充足的资金，用于偿付到期债务、履行其他支付义务和满足正常业务开展的其他资金需求的风险。这些风险可能会使银行蒙受信誉损失或经济损失，甚至有发生挤兑、倒闭的可能性。

17. 风险分散是为了控制风险过于集中而将风险组合多元化的一种措施。其最基本的做法就是通过资产结构的多样化，选择彼此相关系数较小的资产进行合理组合与搭配，使高风险资产的风险向低风险资产扩散，以降低整个银行资产组合的风险程度，即“不要把鸡蛋放在一个篮子里”。

18. 风险转移是一种事前控制风险的手段。风险转移是指利用某些合法的交易方式和业务手段，将可能发生的全部或部分风险转嫁给他人承担，以保证银行自身资金安全的行为。

19. 风险补偿是指商业银行用资本、利润、抵押品拍卖收入等资金补偿其在某种风险上遭受的损失。

20. 缺口分析是计量利率变动对银行当期收益的一种方法。这种方法是首先将银行的所有生息资产和付息负债按照重新定价的期限划分到不同的时间段（如1个月以下、1个月至3个月、3个月至1年、1至5年、5年以上等）；其次在每个时间段内，将利率敏感性资产减去利率敏感性负债，就得到了每个时期的“缺口”；最后用这个“缺口”值乘上利率变动，即得出这一利率变动对银行净利息收益的影响。

21. 久期分析也被称为持续期分析。它测度的是证券价格对收益率变化的反映。其近似公式为：

$$\frac{\mathrm{d}P}{\mathrm{d}y}=-P\frac{D}{1+y}=-P\cdot D^{*}$$

式中，P 表示证券价格，y 表示到期收益率，$\frac{\mathrm{d}P}{\mathrm{d}y}$ 表示到期收益率的变动引起的证券价格的变动，D 表示麦克雷持续期，D^{*} 表示修正的持续期。从这个公式可以看出，持续期越长，价格波动越大，风险越高。

（四）判断与分析题

1. 错误。货币经营业一旦从事贷款业务，获取存贷款利差收入，便转化成为商业银行。

2. 错误。在部分准备金制度和非现金结算的条件下，商业银行才可以创造信用量。

3. 错误。单元制银行与商业银行的发展趋势是背道而驰的，因为它既不利于银行资本的集中，也会削弱商业银行向外部发展的整体竞争力。

4. 错误。商业银行的风险回避并非放弃有风险的业务，而去做无风险的业务，而是放弃那些商业银行不熟悉的、没有把握或不具备相当条件和能力去经营与控制的风险业务。

5. 错误。从矛盾的角度讲，流动性强、安全性好的资产，盈利性一般较差；盈利性较好的资产，往往流动性较差、风险较大。

6. 错误。近年来，随着金融“脱媒”现象的日趋严重与利率市场化的加速推进，商业银行传统的信贷业务发展受到制约，而其金融服务功能逐渐成为其营业收入的重要来源，对商业银行的可持续经营影响深远。

7. 错误。互补原则说明安全性、流动性和盈利性三大基本目标的均衡协调，不是非要各占一定比例、不能变动的绝对平衡，而是可以相互替代与补充的。

8. 正确。承兑业务是或有债务，并不属于中间业务，而是属于表外业务。

（五）简答题

1. 传统的银行是指以吸收存款、发放贷款、办理结算为基本业务的，以获取利润为目的的，具有独立法人资格的金融企业。

随着经济的发展，商业银行也在不断变革，用现代发展的眼光来看，商业银行就是运用公众资金，以获取利润为经营目标，以多种金融资产和金融负债为经营对象，具有综合性服务功能的，并在经济生活中起多方面作用的金融服务企业。

变化的原因在于市场的环境在变，客户的需求在变，资金的运作规律也在变，商业银行要想在新的市场中获胜，必须不断适应环境、不断创新、不断提供市场所需要的且具有竞争力的以及更加人性化的金融业务与金融服务。

2. 首先，商业银行是一个企业，是以最小的投入来获取最大的回报的、以盈利为目的的企业。但是，商业银行又是一个特殊的企业，其特殊性体现在经营的商品是特殊的商品——货币，而货币又是一种国民经济的综合变量，其变化会受到多种因素的影响。同时，商业银行具有一些特殊的功能，如信用中介功能、支付功能、信用创造功能、政策调节功能、服务功能等。这些功能的发挥，使商业银行在社会经济中的作用比一般的企业大得多。

3. 商业银行的中间业务和表外业务之间既有联系，又有区别，极易混淆。

两者的联系是：两者都不在商业银行的资产负债表中反映，两者有的业务也不占用银行的资金，银行在当中充当代理人、被客户委托的身份，收入来源主要是服务费、手续费、管理费等。两者的区别是：中间业务更多地表现为传统的业务，而且风险较小；表外业务则更多地表现为创新的业务，风险较大，这些业务与表内的业务一般有密切的联系，在一定的条件下还可以转化为表内的业务。

4. 安全性、流动性、盈利性是商业银行在经营过程中必须时刻注意并严格遵循的三大原则。它们之间既有相互统一的一面，也有相互矛盾的一面。

从统一的角度讲，安全性是前提和基础，只有保证经营的安全，才能去追求正常的盈利；同时，流动性是条件和手段，只有保证了信贷资金的正常流动，才能确立商业银行的信用中介地位；最后，盈利性是目的。

从矛盾的角度讲，流动性强、安全性好，盈利性一般较差；盈利性较好的资产，往往流动性较差、风险较大。因此，银行家们只能从实际出发，统一协调，寻求最佳的均衡点。

基于“三性”原则的基本要求，商业银行经营管理理论经历了一个渐进的演变历程。

5. 虽然商业银行风险的发生是由多种因素造成的，但其发生仍然是有规律可循的。主要具有以下几个特征：普遍性、扩散性、隐蔽性和客观性。

商业银行的风险可以有很多种表现形式，对于银行风险的分类也有不同的划分标准。根据诱发风险的原因不同，巴塞尔银行监管委员会将商业银行面临的风险分为信用风险、市场风险、操作风险、流动性风险、国家风险、声誉风险、法律风险以及战略风险八大类。

（六）论述题

1.（1）资产负债管理理论的产生原因如下：

首先，该理论的产生是经济环境变化的客观要求。20 世纪 70 年代以后，整个世界的经济形势处于“滞涨”的阶段。这要求银行必须严格控制货币供应量和信贷规模，并通过信贷结构的调整，来促进产业结构的调整，提高经济效益，逐步消除经济中的“滞涨”现象，因此客观上要求对商业银行的资金进行全面的、综合的管理，不能盲目地通过乱铺摊子、扩大经营规模来提高效益。

其次，该理论的产生是金融形势变化的客观要求。银行业之间的竞争日趋激烈，“脱媒”现象更加严重，这就要求商业银行在争取资金来源方面必须提供更加优惠的条件，更加方便、周到的服务。这就会加大商业银行的经营成本，因此这实际上是给商业银行的经营提出了更高的要求，要求商业银行必须精打细算，客观上产生了对资产负债进行综合管理的要求。

最后，外部环境的变化对商业银行“三性”原则又提出了更高的要求。一方面，由于市场环境已经变得十分复杂，对商业银行的安全性要求更高；另一方面，市场的复杂化又要求商业银行的资金必须具备充足的流动性来保证支付，但是这两方面又是矛盾的，解决的办法就是实现资产负债综合管理。

（2）资产负债管理理论的原则如下：

①对称原则。对称原则是指商业银行在资产与负债问题上，无论从规模、结构、期限均有对称的要求。因为商业银行的资金来源与资金运用是一对相互联系、相互制约与相互依赖的矛盾统一体。

②目标互补原则。目标互补原则认为，商业银行经营的“三性”原则中，存在着一种共同的东西，即效用，它们的效用之和就是银行的总效用。因此，对这三个目标可以进行比较和相加，也可以相互替代。

③资产分散原则。资产分散原则指商业银行的资产无论是从总体结构的安排上还是某一具体业务的种类上或是贷款客户的选择上，都应该适当地分散，避免过于集中，尽量选择一些相对独立、相关系数较小的内容（如客户、证券、贷款、投资等），以降低风险发生的频率和程度，减少坏账损失。也就是说，“不要把鸡蛋放在一个篮子里”。

2. 随着世界经济一体化及高新技术的飞速发展，市场竞争日趋激烈，客户的需求也更加多样化。如果还是按照传统商业银行的概念，吸收存款、发放贷款、办理结算，商业银行的路必将越走越窄，最终被市场淘汰。因此，商业银行必须不断创新，创造出受市场欢迎的、满足客户需求的金融服务与金融产品，使自己的发展之路越走越宽。但是，商业银行必须加强对金融机构的监管和风险的防范。

3. 使用缺口分析。根据题意可知缺口为 1 亿元。

净利息收入变化 =（利率敏感性资产 − 利率敏感性负债）× 利率变化

因此当利率上升 1 个百分点时，光华银行的利润将减少 100 万元。

光华银行为了避免该损失，可以将敏感性负债增加至 3 亿元，或者将敏感性资产减少至2亿元，这样可以使得净利息收入变化为0。

当然，光华银行还可以采用利率互换来减少该损失，用1亿元的利率敏感性资产的利率与其他银行1亿元固定利率资产的利率进行互换。

五、延伸阅读

中华人民共和国商业银行法

1995年5月10日第八届全国人民代表大会常务委员会第十三次会议通过。根据2015年8月29日第十二届全国人民代表大会常务委员会第十六次会议修改。

第一章　总则

第一条　为了保护商业银行、存款人和其他客户的合法权益，规范商业银行的行为，提高信贷资产质量，加强监督管理，保障商业银行的稳健运行，维护金融秩序，促进社会主义市场经济的发展，制定本法。

第二条　本法所称的商业银行是指依照本法和《中华人民共和国公司法》设立的吸收公众存款、发放贷款、办理结算等业务的企业法人。

第三条　商业银行可以经营下列部分或者全部业务：

（一）吸收公众存款；

（二）发放短期、中期和长期贷款；

（三）办理国内外结算；

（四）办理票据承兑与贴现；

（五）发行金融债券；

（六）代理发行、代理兑付、承销政府债券；

（七）买卖政府债券、金融债券；

（八）从事同业拆借；

（九）买卖、代理买卖外汇；

（十）从事银行卡业务；

（十一）提供信用证服务及担保；

（十二）代理收付款项及代理保险业务；

（十三）提供保管箱服务；

（十四）经国务院银行业监督管理机构批准的其他业务。

经营范围由商业银行章程规定，报国务院银行业监督管理机构批准。

商业银行经中国人民银行批准，可以经营结汇、售汇业务。

第四条　商业银行以安全性、流动性、效益性为经营原则，实行自主经营，自担风险，自负盈亏，自我约束。

商业银行依法开展业务，不受任何单位和个人的干涉。

商业银行以其全部法人财产独立承担民事责任。

第五条　商业银行与客户的业务往来，应当遵循平等、自愿、公平和诚实信用的原则。

第六条　商业银行应当保障存款人的合法权益不受任何单位和个人的侵犯。

第七条　商业银行开展信贷业务，应当严格审查借款人的资信，实行担保，保障按期收回贷款。

商业银行依法向借款人收回到期贷款的本金和利息，受法律保护。

第八条　商业银行开展业务，应当遵守法律、行政法规的有关规定，不得损害国家利益、社会公共利益。

第九条　商业银行开展业务，应当遵守公平竞争的原则，不得从事不正当竞争。

第十条　商业银行依法接受国务院银行业监督管理机构的监督管理，但法律规定其有关业务接受其他监督管理部门或者机构监督管理的，依照其规定。

第二章　商业银行的设立和组织机构

第十一条　设立商业银行，应当经国务院银行业监督管理机构审查批准。

未经国务院银行业监督管理机构批准，任何单位和个人不得从事吸收公众存款等商业银行业务，任何单位不得在名称中使用“银行”字样。

第十二条　设立商业银行，应当具备下列条件：

（一）有符合本法和《中华人民共和国公司法》规定的章程；

（二）有符合本法规定的注册资本最低限额；

（三）有具备任职专业知识和业务工作经验的董事、高级管理人员；

（四）有健全的组织机构和管理制度；

（五）有符合要求的营业场所、安全防范措施和与业务有关的其他设施。

设立商业银行，还应当符合其他审慎性条件。

第十三条　设立全国性商业银行的注册资本最低限额为十亿元人民币。设立城市商业银行的注册资本最低限额为一亿元人民币，设立农村商业银行的注册资本最低限额为五千万元人民币。注册资本应当是实缴资本。

国务院银行业监督管理机构根据审慎监管的要求可以调整注册资本最低限额，但不得少于前款规定的限额。

第十四条　设立商业银行，申请人应当向国务院银行业监督管理机构提交下列文件、资料：

（一）申请书，申请书应当载明拟设立的商业银行的名称、所在地、注册资本、业务范围等；

（二）可行性研究报告；

（三）国务院银行业监督管理机构规定提交的其他文件、资料。

第十五条　设立商业银行的申请经审查符合本法第十四条规定的，申请人应当填写正式申请表，并提交下列文件、资料：

（一）章程草案；

（二）拟任职的董事、高级管理人员的资格证明；

（三）法定验资机构出具的验资证明；

（四）股东名册及其出资额、股份；

（五）持有注册资本百分之五以上的股东的资信证明和有关资料；

（六）经营方针和计划；

（七）营业场所、安全防范措施和与业务有关的其他设施的资料；

（八）国务院银行业监督管理机构规定的其他文件、资料。

第十六条　经批准设立的商业银行，由国务院银行业监督管理机构颁发经营许可证，并凭该许可证向工商行政管理部门办理登记，领取营业执照。

第十七条　商业银行的组织形式、组织机构适用《中华人民共和国公司法》的规定。

本法施行前设立的商业银行，其组织形式、组织机构不完全符合《中华人民共和国公司法》规定的，可以继续沿用原有的规定，适用前款规定的日期由国务院规定。

第十八条　国有独资商业银行设立监事会。监事会的产生办法由国务院规定。

监事会对国有独资商业银行的信贷资产质量、资产负债比例、国有资产保值增值等情况以及高级管理人员违反法律、行政法规或者章程的行为和损害银行利益的行为进行监督。

第十九条　商业银行根据业务需要可以在中华人民共和国境内外设立分支机构。设立分支机构必须经国务院银行业监督管理机构审查批准。在中华人民共和国境内的分支机构，不按行政区划设立。

商业银行在中华人民共和国境内设立分支机构，应当按照规定拨付与其经营规模相适应的营运资金额。拨付各分支机构营运资金额的总和，不得超过总行资本金总额的百分之六十。

第二十条　设立商业银行分支机构，申请人应当向国务院银行业监督管理机构提交下列文件、资料：

（一）申请书，申请书应当载明拟设立的分支机构的名称、营运资金额、业务范围、总行及分支机构所在地等；

（二）申请人最近二年的财务会计报告；

（三）拟任职的高级管理人员的资格证明；

（四）经营方针和计划；

（五）营业场所、安全防范措施和与业务有关的其他设施的资料；

（六）国务院银行业监督管理机构规定的其他文件、资料。

第二十一条　经批准设立的商业银行分支机构，由国务院银行业监督管理机构颁发经营许可证，并凭该许可证向工商行政管理部门办理登记，领取营业执照。

第二十二条　商业银行对其分支机构实行全行统一核算，统一调度资金，分级管理的财务制度。

商业银行分支机构不具有法人资格，在总行授权范围内依法开展业务，其民事责任由总行承担。

第二十三条　经批准设立的商业银行及其分支机构，由国务院银行业监督管理机构予以公告。

商业银行及其分支机构自取得营业执照之日起无正当理由超过六个月未开业的，或者开业后自行停业连续六个月以上的，由国务院银行业监督管理机构吊销其经营许可证，并予以公告。

第二十四条　商业银行有下列变更事项之一的，应当经国务院银行业监督管理机构批准：

（一）变更名称；

（二）变更注册资本；

（三）变更总行或者分支行所在地；

（四）调整业务范围；

（五）变更持有资本总额或者股份总额百分之五以上的股东；

（六）修改章程；

（七）国务院银行业监督管理机构规定的其他变更事项。

更换董事、高级管理人员时，应当报经国务院银行业监督管理机构审查其任职资格。

第二十五条　商业银行的分立、合并，适用《中华人民共和国公司法》的规定。

商业银行的分立、合并，应当经国务院银行业监督管理机构审查批准。

第二十六条　商业银行应当依照法律、行政法规的规定使用经营许可证。禁止伪造、变造、转让、出租、出借经营许可证。

第二十七条　有下列情形之一的，不得担任商业银行的董事、高级管理人员：

（一）因犯有贪污、贿赂、侵占财产、挪用财产罪或者破坏社会经济秩序罪，被判处刑罚，或者因犯罪被剥夺政治权利的；

（二）担任因经营不善破产清算的公司、企业的董事或者厂长、经理，并对该公司、企业的破产负有个人责任的；

（三）担任因违法被吊销营业执照的公司、企业的法定代表人，并负有个人责任的；

（四）个人所负数额较大的债务到期未清偿的。

第二十八条　任何单位和个人购买商业银行股份总额百分之五以上的，应当事先经国务院银行业监督管理机构批准。

第三章　对存款人的保护

第二十九条　商业银行办理个人储蓄存款业务，应当遵循存款自愿、取款自由、存款有息、为存款人保密的原则。

对个人储蓄存款，商业银行有权拒绝任何单位或者个人查询、冻结、扣划，但法律另有规定的除外。

第三十条　对单位存款，商业银行有权拒绝任何单位或者个人查询，但法律、行政法规另有规定的除外；有权拒绝任何单位或者个人冻结、扣划，但法律另有规定的除外。

第三十一条 商业银行应当按照中国人民银行规定的存款利率的上下限，确定存款利率，并予以公告。

第三十二条 商业银行应当按照中国人民银行的规定，向中国人民银行交存存款准备金，留足备付金。

第三十三条 商业银行应当保证存款本金和利息的支付，不得拖延、拒绝支付存款本金和利息。

第四章 贷款和其他业务的基本规则

第三十四条 商业银行根据国民经济和社会发展的需要，在国家产业政策指导下开展贷款业务。

第三十五条 商业银行贷款，应当对借款人的借款用途、偿还能力、还款方式等情况进行严格审查。

商业银行贷款，应当实行审贷分离、分级审批的制度。

第三十六条 商业银行贷款，借款人应当提供担保。商业银行应当对保证人的偿还能力，抵押物、质物的权属和价值以及实现抵押权、质权的可行性进行严格审查。

经商业银行审查、评估，确认借款人资信良好，确能偿还贷款的，可以不提供担保。

第三十七条 商业银行贷款，应当与借款人订立书面合同。合同应当约定贷款种类、借款用途、金额、利率、还款期限、还款方式、违约责任和双方认为需要约定的其他事项。

第三十八条 商业银行应当按照中国人民银行规定的贷款利率的上下限，确定贷款利率。

第三十九条 商业银行贷款，应当遵守下列资产负债比例管理的规定：

（一）资本充足率不得低于百分之八；

（二）流动性资产余额与流动性负债余额的比例不得低于百分之二十五；

（三）对同一借款人的贷款余额与商业银行资本余额的比例不得超过百分之十；

（四）国务院银行业监督管理机构对资产负债比例管理的其他规定。

本法施行前设立的商业银行，在本法施行后，其资产负债比例不符合前款规定的，应当在一定的期限内符合前款规定。具体办法由国务院规定。

第四十条 商业银行不得向关系人发放信用贷款；向关系人发放担保贷款的条件不得优于其他借款人同类贷款的条件。

前款所称关系人是指：

（一）商业银行的董事、监事、管理人员、信贷业务人员及其近亲属；

（二）前项所列人员投资或者担任高级管理职务的公司、企业和其他经济组织。

第四十一条 任何单位和个人不得强令商业银行发放贷款或者提供担保。商业银行有权拒绝任何单位和个人强令要求其发放贷款或者提供担保。

第四十二条 借款人应当按期归还贷款的本金和利息。

借款人到期不归还担保贷款的，商业银行依法享有要求保证人归还贷款本金和利息或者就该担保物优先受偿的权利。商业银行因行使抵押权、质权而取得的不动产或者股权，应当自取得之日起二年内予以处分。

借款人到期不归还信用贷款的，应当按照合同约定承担责任。

第四十三条　商业银行在中华人民共和国境内不得从事信托投资和证券经营业务，不得向非自用不动产投资或者向非银行金融机构和企业投资，但国家另有规定的除外。

第四十四条　商业银行办理票据承兑、汇兑、委托收款等结算业务，应当按照规定的期限兑现，收付入账，不得压单、压票或者违反规定退票。有关兑现、收付入账期限的规定应当公布。

第四十五条　商业银行发行金融债券或者到境外借款，应当依照法律、行政法规的规定报经批准。

第四十六条　同业拆借，应当遵守中国人民银行的规定。禁止利用拆入资金发放固定资产贷款或者用于投资。

拆出资金限于交足存款准备金、留足备付金和归还中国人民银行到期贷款之后的闲置资金。拆入资金用于弥补票据结算、联行汇差头寸的不足和解决临时性周转资金的需要。

第四十七条　商业银行不得违反规定提高或者降低利率以及采用其他不正当手段，吸收存款，发放贷款。

第四十八条　企业事业单位可以自主选择一家商业银行的营业场所开立一个办理日常转账结算和现金收付的基本账户，不得开立两个以上基本账户。

任何单位和个人不得将单位的资金以个人名义开立账户存储。

第四十九条　商业银行的营业时间应当方便客户，并予以公告。商业银行应当在公告的营业时间内营业，不得擅自停止营业或者缩短营业时间。

第五十条　商业银行办理业务，提供服务，按照规定收取手续费。收费项目和标准由国务院银行业监督管理机构、中国人民银行根据职责分工，分别会同国务院价格主管部门制定。

第五十一条　商业银行应当按照国家有关规定保存财务会计报表、业务合同以及其他资料。

第五十二条　商业银行的工作人员应当遵守法律、行政法规和其他各项业务管理的规定，不得有下列行为：

（一）利用职务上的便利，索取、收受贿赂或者违反国家规定收受各种名义的回扣、手续费；

（二）利用职务上的便利，贪污、挪用、侵占本行或者客户的资金；

（三）违反规定徇私向亲属、朋友发放贷款或者提供担保；

（四）在其他经济组织兼职；

（五）违反法律、行政法规和业务管理规定的其他行为。

第五十三条　商业银行的工作人员不得泄露其在任职期间知悉的国家秘密、商业秘密。

第五章 财务会计

第五十四条 商业银行应当依照法律和国家统一的会计制度以及国务院银行业监督管理机构的有关规定，建立、健全本行的财务、会计制度。

第五十五条 商业银行应当按照国家有关规定，真实记录并全面反映其业务活动和财务状况，编制年度财务会计报告，及时向国务院银行业监督管理机构、中国人民银行和国务院财政部门报送。商业银行不得在法定的会计账册外另立会计账册。

第五十六条 商业银行应当于每一会计年度终了三个月内，按照国务院银行业监督管理机构的规定，公布其上一年度的经营业绩和审计报告。

第五十七条 商业银行应当按照国家有关规定，提取呆账准备金，冲销呆账。

第五十八条 商业银行的会计年度自公历1月1日起至12月31日止。

第六章 监督管理

第五十九条 商业银行应当按照有关规定，制定本行的业务规则，建立、健全本行的风险管理和内部控制制度。

第六十条 商业银行应当建立、健全本行对存款、贷款、结算、呆账等各项情况的稽核、检查制度。

商业银行对分支机构应当进行经常性的稽核和检查监督。

第六十一条 商业银行应当按照规定向国务院银行业监督管理机构、中国人民银行报送资产负债表、利润表以及其他财务会计、统计报表和资料。

第六十二条 国务院银行业监督管理机构有权依照本法第三章、第四章、第五章的规定，随时对商业银行的存款、贷款、结算、呆账等情况进行检查监督。检查监督时，检查监督人员应当出示合法的证件。商业银行应当按照国务院银行业监督管理机构的要求，提供财务会计资料、业务合同和有关经营管理方面的其他信息。

中国人民银行有权依照《中华人民共和国中国人民银行法》第三十二条、第三十四条的规定对商业银行进行检查监督。

第六十三条 商业银行应当依法接受审计机关的审计监督。

第七章 接管和终止

第六十四条 商业银行已经或者可能发生信用危机，严重影响存款人的利益时，国务院银行业监督管理机构可以对该银行实行接管。

接管的目的是对被接管的商业银行采取必要措施，以保护存款人的利益，恢复商业银行的正常经营能力。被接管的商业银行的债权债务关系不因接管而变化。

第六十五条 接管由国务院银行业监督管理机构决定，并组织实施。国务院银行业监督管理机构的接管决定应当载明下列内容：

（一）被接管的商业银行名称；

（二）接管理由；

（三）接管组织；

（四）接管期限。

接管决定由国务院银行业监督管理机构予以公告。

第六十六条　接管自接管决定实施之日起开始。

自接管开始之日起，由接管组织行使商业银行的经营管理权力。

第六十七条　接管期限届满，国务院银行业监督管理机构可以决定延期，但接管期限最长不得超过二年。

第六十八条　有下列情形之一的，接管终止：

（一）接管决定规定的期限届满或者国务院银行业监督管理机构决定的接管延期届满；

（二）接管期限届满前，该商业银行已恢复正常经营能力；

（三）接管期限届满前，该商业银行被合并或者被依法宣告破产。

第六十九条　商业银行因分立、合并或者出现公司章程规定的解散事由需要解散的，应当向国务院银行业监督管理机构提出申请，并附解散的理由和支付存款的本金和利息等债务清偿计划。经国务院银行业监督管理机构批准后解散。

商业银行解散的，应当依法成立清算组，进行清算，按照清偿计划及时偿还存款本金和利息等债务。国务院银行业监督管理机构监督清算过程。

第七十条　商业银行因吊销经营许可证被撤销的，国务院银行业监督管理机构应当依法及时组织成立清算组，进行清算，按照清偿计划及时偿还存款本金和利息等债务。

第七十一条　商业银行不能支付到期债务，经国务院银行业监督管理机构同意，由人民法院依法宣告其破产。商业银行被宣告破产的，由人民法院组织国务院银行业监督管理机构等有关部门和有关人员成立清算组，进行清算。

商业银行破产清算时，在支付清算费用、所欠职工工资和劳动保险费用后，应当优先支付个人储蓄存款的本金和利息。

第七十二条　商业银行因解散、被撤销和被宣告破产而终止。

第八章　法律责任

第七十三条　商业银行有下列情形之一，对存款人或者其他客户造成财产损害的，应当承担支付迟延履行的利息以及其他民事责任：

（一）无故拖延、拒绝支付存款本金和利息的；

（二）违反票据承兑等结算业务规定，不予兑现，不予收付入账，压单、压票或者违反规定退票的；

（三）非法查询、冻结、扣划个人储蓄存款或者单位存款的；

（四）违反本法规定对存款人或者其他客户造成损害的其他行为。

有前款规定情形的，由国务院银行业监督管理机构责令改正，有违法所得的，没收违法所得，违法所得五万元以上的，并处违法所得一倍以上五倍以下罚款；没有违法所得或者违法所得不足五万元的，处五万元以上五十万元以下罚款。

第七十四条　商业银行有下列情形之一，由国务院银行业监督管理机构责令改正，有违法所得的，没收违法所得，违法所得五十万元以上的，并处违法所得一倍以上五倍以下罚款；没有违法所得或者违法所得不足五十万元的，处五十万元以上二百万元以下罚款；情节特别严重或者逾期不改正的，可以责令停业整顿或者吊销其经营许可证；构成犯罪的，依法追究刑事责任：

（一）未经批准设立分支机构的；

（二）未经批准分立、合并或者违反规定对变更事项不报批的；

（三）违反规定提高或者降低利率以及采用其他不正当手段，吸收存款，发放贷款的；

（四）出租、出借经营许可证的；

（五）未经批准买卖、代理买卖外汇的；

（六）未经批准买卖政府债券或者发行、买卖金融债券的；

（七）违反国家规定从事信托投资和证券经营业务、向非自用不动产投资或者向非银行金融机构和企业投资的；

（八）向关系人发放信用贷款或者发放担保贷款的条件优于其他借款人同类贷款的条件的。

第七十五条　商业银行有下列情形之一，由国务院银行业监督管理机构责令改正，并处二十万元以上五十万元以下罚款；情节特别严重或者逾期不改正的，可以责令停业整顿或者吊销其经营许可证；构成犯罪的，依法追究刑事责任：

（一）拒绝或者阻碍国务院银行业监督管理机构检查监督的；

（二）提供虚假的或者隐瞒重要事实的财务会计报告、报表和统计报表的；

（三）未遵守资本充足率、资产流动性比例、同一借款人贷款比例和国务院银行业监督管理机构有关资产负债比例管理的其他规定的。

第七十六条　商业银行有下列情形之一，由中国人民银行责令改正，有违法所得的，没收违法所得，违法所得五十万元以上的，并处违法所得一倍以上五倍以下罚款；没有违法所得或者违法所得不足五十万元的，处五十万元以上二百万元以下罚款；情节特别严重或者逾期不改正的，中国人民银行可以建议国务院银行业监督管理机构责令停业整顿或者吊销其经营许可证；构成犯罪的，依法追究刑事责任：

（一）未经批准办理结汇、售汇的；

（二）未经批准在银行间债券市场发行、买卖金融债券或者到境外借款的；

（三）违反规定同业拆借的。

第七十七条　商业银行有下列情形之一，由中国人民银行责令改正，并处二十万元以上五十万元以下罚款；情节特别严重或者逾期不改正的，中国人民银行可以建议国务院银行业监督管理机构责令停业整顿或者吊销其经营许可证；构成犯罪的，依法追究刑事责任：

（一）拒绝或者阻碍中国人民银行检查监督的；

（二）提供虚假的或者隐瞒重要事实的财务会计报告、报表和统计报表的；

（三）未按照中国人民银行规定的比例交存存款准备金的。

第七十八条　商业银行有本法第七十三条至第七十七条规定情形的，对直接负责的董事、高级管理人员和其他直接责任人员，应当给予纪律处分；构成犯罪的，依法追究刑事责任。

第七十九条　有下列情形之一，由国务院银行业监督管理机构责令改正，有违法所得的，没收违法所得，违法所得五万元以上的，并处违法所得一倍以上五倍以下罚款；没有违法所得或者违法所得不足五万元的，处五万元以上五十万元以下罚款：

（一）未经批准在名称中使用“银行”字样的；

（二）未经批准购买商业银行股份总额百分之五以上的；

（三）将单位的资金以个人名义开立账户存储的。

第八十条　商业银行不按照规定向国务院银行业监督管理机构报送有关文件、资料的，由国务院银行业监督管理机构责令改正，逾期不改正的，处十万元以上三十万元以下罚款。

商业银行不按照规定向中国人民银行报送有关文件、资料的，由中国人民银行责令改正，逾期不改正的，处十万元以上三十万元以下罚款。

第八十一条　未经国务院银行业监督管理机构批准，擅自设立商业银行，或者非法吸收公众存款、变相吸收公众存款，构成犯罪的，依法追究刑事责任；并由国务院银行业监督管理机构予以取缔。

伪造、变造、转让商业银行经营许可证，构成犯罪的，依法追究刑事责任。

第八十二条　借款人采取欺诈手段骗取贷款，构成犯罪的，依法追究刑事责任。

第八十三条　有本法第八十一条、第八十二条规定的行为，尚不构成犯罪的，由国务院银行业监督管理机构没收违法所得，违法所得五十万元以上的，并处违法所得一倍以上五倍以下罚款；没有违法所得或者违法所得不足五十万元的，处五十万元以上二百万元以下罚款。

第八十四条　商业银行工作人员利用职务上的便利，索取、收受贿赂或者违反国家规定收受各种名义的回扣、手续费，构成犯罪的，依法追究刑事责任；尚不构成犯罪的，应当给予纪律处分。

有前款行为，发放贷款或者提供担保造成损失的，应当承担全部或者部分赔偿责任。

第八十五条　商业银行工作人员利用职务上的便利，贪污、挪用、侵占本行或者客户资金，构成犯罪的，依法追究刑事责任；尚不构成犯罪的，应当给予纪律处分。

第八十六条　商业银行工作人员违反本法规定玩忽职守造成损失的，应当给予纪律处分；构成犯罪的，依法追究刑事责任。

违反规定徇私向亲属、朋友发放贷款或者提供担保造成损失的，应当承担全部或者部分赔偿责任。

第八十七条　商业银行工作人员泄露在任职期间知悉的国家秘密、商业秘密的，应当给予纪律处分；构成犯罪的，依法追究刑事责任。

第八十八条　单位或者个人强令商业银行发放贷款或者提供担保的，应当对直接负责的主管人员和其他直接责任人员或者个人给予纪律处分；造成损失的，应当承担全部或者部分赔偿责任。

商业银行的工作人员对单位或者个人强令其发放贷款或者提供担保未予拒绝的，应当给予纪律处分；造成损失的，应当承担相应的赔偿责任。

第八十九条　商业银行违反本法规定的，国务院银行业监督管理机构可以区别不同情形，取消其直接负责的董事、高级管理人员一定期限直至终身的任职资格，禁止直接负责的董事、高级管理人员和其他直接责任人员一定期限直至终身从事银行业工作。

商业银行的行为尚不构成犯罪的，对直接负责的董事、高级管理人员和其他直接责任人员，给予警告，处五万元以上五十万元以下罚款。

第九十条　商业银行及其工作人员对国务院银行业监督管理机构、中国人民银行的处罚决定不服的，可以依照《中华人民共和国行政诉讼法》的规定向人民法院提起诉讼。

第九章　附则

第九十一条　本法施行前，按照国务院的规定经批准设立的商业银行不再办理审批手续。

第九十二条　外资商业银行、中外合资商业银行、外国商业银行分行适用本法规定，法律、行政法规另有规定的，依照其规定。

第九十三条　城市信用合作社、农村信用合作社办理存款、贷款和结算等业务，适用本法有关规定。

第九十四条　邮政企业办理商业银行的有关业务，适用本法有关规定。

第九十五条　本法自 2015 年 10 月 1 日起施行。

第八章　非银行金融机构

一、教学大纲

（一）教学目的与要求

本章主要讨论各国金融体系中的非银行金融机构。学习完本章，学生应了解和掌握常见的非银行金融机构的类型、概念、特征，非银行金融机构在金融体系中的功能，非银行金融机构的经营管理理论，非银行金融机构的主营业务，非银行金融机构在我国的发展状况。

（二）教学内容梗概

1. 投资银行

（1）投资银行基本理论。投资银行（investment bank）这一称谓主要在美国使用，在英国、澳大利亚及原先的英联邦国家人们习惯称之为商人银行（merchant bank），在日本则称之为证券公司。

投资银行与商业银行的区别是明显的：一是从本源上讲，商业银行是存贷款银行，存贷款业务是其本源业务，其他各种业务都是在此基础上衍生和发展起来的；投资银行是证券承销商，证券承销业务是其业务中最核心的一项。二是从功能上看，商业银行行使间接融资的职能，具有资金盈余者的债务人和资金短缺者的债权人的双重身份，从而承担了资金融通过程中的所有风险，为降低风险，其活动场所主要侧重短期资金市场；投资银行行使的是直接融资的职能，它只是作为资金供需双方的媒介，但并不介入投资者和筹资者之间的权利义务关系，并且投资银行一般是侧重资本市场的活动。三是从利润构成上看，商业银行的利润首先来自存贷差，其次才是资金营运收入和表外业务收入；投资银行的利润主要来自佣金，包括一级市场承销证券获得的佣金、二级市场作为证券交易经纪收取的佣金以及金融工具创新中资产及投资优化组合管理中收取的佣金，其次才是资金营运收入和利息收入。四是从管理方式上看，商业银行的经营更注重安全性，这是由其负债的“硬约束”和资产的“软约束”的特征决定的，因此它的资产除各项贷款外，资金营运主要在同业往来和国债与基金等低风险的证券投资上；投资银行在控制风险的前提下更注重以获取高收益为目标的开拓创新，其资金营运主要在风险较高的股票、债券、外汇以及掉期、衍生工具等契约式投资上。

（2）投资银行的主要业务。投资银行的主要业务如下：

①证券承销。证券承销业务是指在证券发行市场上，投资银行接受发行人的委托代为承销证券并以此获得承销手续费收入业务。这是投资银行的基本业务和本源业务。

②证券交易。投资银行的证券交易业务主要是在二级市场上充当证券经纪商和自营商的角色的业务。

③项目融资。项目融资，即为项目公司融资，是一种利用项目未来的现金流量作为担保条件的无追索权或有限追索权的融资业务。

④企业的兼并与收购。投资银行参与的并购业务，除了一般的企业兼并、收购和接管外，还包括公司杠杆收购、公司结构调整、资本充实和重新核定、破产与困境公司的重组等较为复杂的筹划与操作。

⑤基金管理。投资银行利用其在证券市场的特殊地位及丰富的理财经验和专业知识，可以分别承担基金的发起人、管理人和托管人等职责。

⑥风险投资。风险投资又称创业资本或风险资本，是指新兴公司在创业期和拓展期所融通的资金。

⑦理财顾问。投资银行可以为客户提供财务咨询和投资咨询等业务，这一业务往往同投资银行的其他业务相伴相生，并渗透到各项业务之中。

⑧资产证券化。资产证券化是指把流动性较差的资产，如金融机构的一些长期固定利率放款或企业的应收账款等，通过投资银行或商业银行予以重新组合，以这些资产做抵押来发行证券，从而实现相关债权的流动化。

⑨金融衍生工具。金融衍生工具是一种双边合约，合约价值取决于基础金融资产的价格及其变化。

（3）中国的投资银行业。从世界各国的历史来看，投资银行都是由证券公司发展而来的，我国目前的投资银行业还处于起步阶段，其主体由专业证券公司构成。如果严格从现代投资银行的功能和业务范围来看，在我国，除了成立于1995年8月的中国国际金融有限公司以外，目前还没有真正意义上的投资银行。

2. 保险公司

（1）保险基本理论。《中华人民共和国保险法》第二条规定：“本法所称保险，是指投保人根据合同约定，向保险人支付保险费，保险人对于合同约定的可能发生的事故因其发生所造成的财产损失承担赔偿保险金责任，或者当被保险人死亡、伤残、疾病或者达到合同约定的年龄、期限等条件时承担给付保险金责任的商业保险行为。”

保险具有三个最基本的特点：首先，就分担损失而言，保险具有互助的性质；其次，就保险双方需订立合同而言，保险又是一种合同行为；最后，从保险的目的或保险合同的主要内容来看，保险是为了对灾害事故损失进行经济补偿。

作为一种经济补偿制度，保险是由一些基本的要素构成的，主要包括可保风险、多个经济单位集合、保险基金、保险合同、保险机构以及数理依据。

（2）保险公司的主要业务。现代社会的保险业务种类是非常丰富的。按保险对象来划分，保险业务可以分为财产保险、责任保险、保证保险、人身保险；按实施的形式划分，保险业务可以分为法定保险和自愿保险。

（3）中国的保险业。中华人民共和国成立后国内的第一家专业保险公司是成立于1949年的中国人民保险公司，后于1959年并入中国人民银行国外业务局，停办国内保险业务。改革开放后，从1980年开始，中国人民保险公司恢复国内保险业务，标志着中国保险事业开始了新的发展。改革开放40多年来，我国保险业的发展十分迅速。

3. 信托公司

（1）信托基本理论。经济活动中的信托，是指拥有资金、财产及其他标的物的所有人，为获得更好的收益或达到某种目的，委托受托人代为运用、管理、处理财产及代办有关经济事务的经济行为。一个典型的信托行为要涉及三方关系人，即委托人、受托人和受益人。

信托的基本功能是财产事务管理和融通资金。财产事务管理是指受托人受托为委托人管理、处理一切财产与经济事务的功能。融通资金是指受托人通过一部分信托业务而发挥的资金筹措的功能。

（2）信托公司的主要业务。按信托财产的性质划分，信托可以分为金钱信托、动产信托、不动产信托、有价证券信托和金钱债权信托；按信托目的划分，信托可以分为担保信托、管理和处理信托；按委托人划分，信托可以分为个人信托、法人信托和个人法人通用信托；按受益人划分，信托可以分为自益信托、他益信托、私益信托和公益信托；按信托事项的法律依据划分，信托可以分为民事信托和商事信托。

（3）中国的信托业。中国的信托机构自改革开放以来几经反复，近年来取得了飞速发展。自2004年以来，信托公司的信托资产规模每年都有大幅度的提升，平均每年提升40%以上。由于经营范围的广泛性、产品种类的多样性、经营手段的灵活性和服务功能的独特性，我们可以根据不同种类的市场需求和服务对象，通过信托品种的创新设计、组合运用，对信托财产和自有资金采取出租、出售、贷款、投资、同业拆放、融资、租赁等多种方式，全方位满足各类市场需求。信托公司具有极为明显的综合优势。

4. 租赁公司

（1）租赁基本理论。简单地说，租赁是一种通过让渡租赁物品的使用价值而实现资金融通的信用形式。现代租赁最突出的特征是融资与融物的结合，因此通常也被称为融资租赁或金融租赁。根据国际统一私法协会《国际融资租赁公约》中的定义，融资租赁是指这样一种交易过程：出租人根据承租人的请求及提供的规格，与第三方（供货商）订立一份供货合同，从供货商处购得承租人所需的工厂、资本货物或其他设备。同时，出租人与承租人订立一份租赁合同，以承租人支付租金为条件授予承租人使用设备的权利。

现代租赁形式具有融资与融物相结合的特点。企业在需要进行设备投资时，并不直接购买所需设备，而是向租赁公司提出具体要求，由租赁公司代为融资，并根据企业的要求从设备供应厂商处购进相应的设备，之后交给承租企业使用。在租赁期间，承租人只要按时交付租金，就可以像使用自己拥有的设备那样使用租来的设备。

（2）租赁公司的种类。按征税的不同处理划分，租赁可以分为节税租赁和非节税租赁；按租赁中出资者的出资比例不同划分，租赁可以分为单一投资租赁和杠杆租赁；按租赁业务的具体方法不同划分，租赁可以分为直接租赁、转租赁、售后回租等。

（3）中国的租赁业。中国租赁行业的发展还处于非常初级的阶段，从租赁在整个经济中的渗透率看，融资租赁行业仍游离于主体经济之外。这就需要租赁从业者进行更为广泛的创新。相信随着行业内部创新和外部环境的改善，中国的租赁业将会在经济发展中发挥越来越大的作用。

5. 投资基金

（1）投资基金基本理论。投资基金是按照共同投资、共享收益、共担风险的基本原则和股份公司的某些原则，运用现代信托关系的机制，以基金方式将各个投资者彼此分散的资金集中起来，交由投资专家运作和管理，主要投资于证券等金融产品或其他产业部门，以实现预定的投资目的的投资组织制度。

投资基金之所以广受欢迎，发展迅速，是因为它本身所具有的一些突出的特点与功能。首先，投资基金实行专家管理制度，其专业管理人员都经过专门训练，具有丰富的证券投资和其他项目投资经验，因此投资成功率较高，这对于那些没有时间或没有能力专门研究投资决策问题的中小投资者来说尤其具有吸引力。其次，投资基金将众多中小投资者的小额闲散资金集中起来，可以产生两个方面的好处：一是具有降低交易成本的规模效应，因为一般来说，单位证券买卖的佣金成本是随交易数量增大而递减的；二是投资基金集中了大量资金后，就拥有了多元化经营的有利条件，可以保证在一定的收益水平上将投资风险降到最低限度。再次，投资基金流动性强，变现能力好。当投资者需要现金或由于其他原因要收回投资时，可以在证券市场上自由地将基金出售而收回现金，对开放式基金来说则可以随时办理赎回。最后，投资基金在投资手续与操作上都比较规范，投资目标与基本策略都是预先规定好的，不能随意改变，而且基金的投资人大会有权对经理人员的经营方针提出意见，甚至有权更换经理人员，因此投资基金的操作透明度相对较高。另外，投资基金从产生以来，尤其是高速发展的近几十年，其回报率确实是相当可观的，这自然也是其深受投资者欢迎的重要原因。

（2）投资基金的种类。按组织形态的不同划分，投资基金可以分为公司型投资基金和契约型投资基金。按基金变现方式的不同来划分，投资基金可以分为开放型投资基金和封闭型投资基金；按投资目标的不同来划分，投资基金可以分为成长型基金和收入型基金；按基金运用规则的不同来划分，投资基金可以分为固定型投资基金和管理型投资基金；按投资地域或国界的不同来划分，投资基金可以分为国内投资基金和国际投资基金。

（3）中国投资基金业。纵观中国基金行业的发展历程，投资基金业总体发展速度较快，在资本市场的影响力日趋增强。但是中国投资基金业也存在着问题：证券市场金融产品单一，制约证券投资基金的选择；基金管理人存在较为严重的道德风险；市场监督管理体系不够健全。

6. 其他非银行金融机构

（1）财务公司。财务公司（finance company）也叫金融公司，在国外是指一类通过出售商业票据、发行股票或债券以及向商业银行借款等方式来筹集资金，并用于向购买汽车、家具等大型耐用消费品的消费者或小型企业发放贷款的金融机构。

（2）信用合作社。信用合作社是由个人集资联合组成，以互助为主要宗旨的合作金融组织。其基本经营目标是以简便的手续和较低的利率，向社员提供信贷服务，帮助经济力量薄弱的个人解决资金困难。从性质上来讲，合作金融同股份制金融最基本的差别在于，前者主要或优先为合作者提供互助性金融服务，而后者则面向社会提供商业性金融服务。

（3）政策性金融机构。政策性金融是指在一国政府的支持和鼓励下，以国家信用为基础，严格按照国家规定的范围和对象，以优惠的存贷款利率或条件，直接或间接为贯彻、配合国家特定经济和社会发展政策而进行的一种特殊性资金融通行为。政策性金融的范围涵盖了一切规范的政策性贷款以及带有特定政策性意向的存款、投资、担保、贴现、信用保险、存款保险、利息补贴等一系列特殊性的资金融通行为。

（4）金融资产管理公司。《金融资产管理公司条例》第二条对金融资产管理公司做出明确定义："金融资产管理公司，是指国务院决定设立的收购国有银行不良贷款，管理和处置因收购国有银行不良贷款形成的资产的国有独资非银行金融机构。"第三条规定了其经营目标："金融资产管理公司以最大限度保全资产、减少损失为主要经营目标，依法独立承担民事责任。"随着大型商业银行不良资产清理工作的基本完成和金融体系不良资产的逐步减少，四家金融资产管理公司面临着转型和发展的新任务。

（5）货币经纪公司。根据《货币经纪公司试点管理办法》的规定，在我国进行试点的货币经纪公司是指经批准在中国境内设立的，通过电子技术或其他手段，专门从事促进金融机构间资金融通和外汇交易等经纪服务，并从中收取佣金的非银行金融机构。根据监管部门的规定，货币经纪公司可以从事以下部分或全部的业务：境内外外汇市场交易、境内外货币市场交易、境内外债券市场交易、境内外衍生产品交易、经监管部门批准的其他业务。

（6）汽车金融公司。汽车金融主要是指在汽车的生产、流通、购买与消费环节中融通资金的金融活动，包括资金筹集、信贷运用、抵押贴现、证券发行和交易以及相关保险、投资活动。汽车金融公司是汽车制造、流通、服务维修等相关实体经济领域发展到一定阶段后与金融业相互结合渗透的必然结果。

《汽车金融公司管理办法》规定了汽车金融公司是为我国境内的汽车购买者及销售者提供贷款的非银行金融企业法人。

二、重点难点分析

本章的主要内容是非银行金融机构的相关知识。本章的重点难点如下：

（1）投资银行是本章的重点内容。学生要掌握投资银行的基本理论、主要业务，包括证券承销、证券交易、项目融资和企业的兼并与收购、基金管理、风险投资、资产证券化和金融衍生工具。此外，学生还要掌握中国投资银行存在的问题，即资本规模小，竞争实力弱；业务范围狭窄，创新程度不够，缺乏核心竞争力；高素质专业人才缺乏；投资银行普遍存在不规范行为。

（2）保险公司是本章的重点内容。学生要重点掌握保险公司的功能和主要业务。保险公司除了具有分担风险和补偿损失的功能外，还具有投资和防灾防损的功能。其主要业务非常丰富，按不同的分类标准可以有很多业务，比如按保险对象来划分，保险公司的主要业务可以分为财产保险、责任保险、保证保险和人身保险。此外，学生还要掌握中国保险业存在的问题，即市场过于集中，竞争程度比较低；保险中介市场还不成熟，服务水平较低；保险产品差异性不大，创新能力差；保险产品的营销手段单一落后；保险市场区域发展不平衡；保险资金投资面临限制。

（3）信托公司是本章的重点内容。信托的基本功能是对财产事物的管理和融通资金。学生要重点掌握信托公司的主要业务。信托公司的业务非常宽泛，如信托类业务、代理类业务、租赁类业务等。

（4）租赁公司和投资基金是本章的重点内容。学生要掌握租赁公司和投资基金的基本理论、种类以及中国的发展情况。

（5）其他非银行金融机构包含财务公司、信用合作社、政策性金融机构、金融资产管理公司、货币经纪公司、汽车金融公司。其中，政策性金融机构是由政府投资设立的，根据政府的决策和意向专门从事政策性金融业务的银行。政策性金融机构的特征和特殊功能是本章的重点内容。

三、习题练习

（一）单项选择题

1. 关于投资银行的称呼，错误的是（　　）。

A. 美国——投资银行　　B. 日本——投资银行

C. 英国——商人银行　　D. 澳大利亚——商人银行

2. 下列选项中，不属于证券公司的是（　　）。

A. 证券承销与经济　　B. 资产管理

C. 咨询服务　　D. 不动产抵押贷款

3. 现代租赁的主要特点是（　　）

A. 租赁物品　　B. 借贷资金

C. 融资融物的结合　　D. 经营租赁

4. 除了基本的分担风险和补偿损失的功能外，保险公司还具有防灾防损和（　　）的功能。

A. 投资　　B. 保值　　C. 收藏　　D. 增值

5. 下列选项中，不属于政策性金融的特征的是（　　）。

A. 政策性　　B. 慈善性　　C. 优惠性　　D. 融资性

6. 只作为资金供需双方的媒介，并不介入投资者和筹资者之间的权利义务关系，行使直接融资功能的金融机构为（　　）。

A. 保险公司　　B. 信托公司　　C. 投资银行　　D. 财务公司

7. 拥有资金、财产及其他标的物的所有人，为获得更好的收益或达到某种目的，委托受托人代为运用、管理、处理财产及代办有关经济事务的经济行为被称为（　　）。

A. 租赁　　B. 信托　　C. 代理　　D. 经纪

8. 信托最突出的特征是对信托财产（　　）的分割。

A. 使用权　　B. 租赁权　　C. 所有权　　D. 代理权

9. 投资基金的种类有不同的划分标准，（　　）基金是指投资基金的组织形态。

A. 契约型　　B. 开放型　　C. 封闭型　　D. 成长型

10. 由大型企业集团内部成员单位出资组建并为各成员单位提供金融服务的非银行金融机构是（　　）。

A. 财务公司　　B. 投资公司　　C. 资产管理公司　　D. 基金公司

（二）多项选择题

1. 按照实施的形式不同划分，保险可以分为（　　）。

A. 财产保险　　B. 人寿保险

C. 重复保险　　D. 法定保险

E. 自愿保险

2. 现代投资银行的主要业务可以分为（　　）等几类。

A. 证券的承销与交易

B. 项目融资、基金管理和风险投资

C. 企业的兼并与收购

D. 特殊存贷款业务的指定经营

E. 理财顾问、资产证券化和衍生金融业务

3. 典型的信托行为要涉及的关系人有（　　）。

A. 委托人　　B. 受托人

C. 中间人　　D. 代理人

E. 受益人

4. 信托的基本功能是（　　）。

A. 规避风险　　B. 融通资金

C. 增加收益　　D. 降低成本

E. 财产管理

5. 信托公司业务按照信托财产的性质的不同划分，信托可分为（　　）。

A. 金钱信托　　B. 动产信托

C. 不动产信托　　D. 有价证券信托

E. 金钱债券信托

6. 融资租赁一般涉及的相关当事人是（　　）。

A. 委托人　　B. 受托人

C. 出租人　　D. 承租人

E. 供货商

7. 按照组织形态的不同划分，投资基金可以分为（　　）。

A. 公司型　　B. 契约型

C. 开放型　　D. 封闭型

E. 成长型

8. 按照运用规则的不同划分，投资基金可以分为（　　）。

A. 成长型　　B. 收入型

C. 契约型　　D. 固定型

E. 管理型

9. 政策性金融具有的特征是（　　）。

A. 政策性　　B. 慈善性

C. 优惠性　　D. 融资性

E. 有偿性

10. 我国目前的政策性金融机构主要有（　　）。

A. 国家开发银行　　B. 中国建设银行

C. 进出口银行　　D. 农业发展银行

E. 农村信用合作社

11. 政策性金融机构的特点有（　　）。

A. 由政府或政府机构出资创立、参股、保证或扶植

B. 业务领域和对象有限，一般不同商业性金融机构竞争

C. 和普通银行一样，均受普通银行法的制约

D. 不以盈利或利润最大化为经营目标

E. 政策性金融机构遵循特殊的融资原则

（三）名词解释

1. 投资银行

2. 证券承销

3. 资产证券化

4. 保险公司

5. 信托

6. 委托人

7. 受托人

8. 租赁

9. 投资基金

10. 公司型投资基金

11. 契约型投资基金

12. 开放型投资基金

13. 封闭型投资基金

14. 成长型投资基金

15. 收入型投资基金

16. 财务公司

17. 政策性金融

18. 金融资产管理公司

19. 货币经纪公司

20. 汽车金融公司

（四）判断与分析题

1. 投资银行通过发挥间接融资功能，提高了全社会资源配置效率。 （ ）
2. 社会经济生活中的所有风险都可以通过保险方式来转移。 （ ）
3. 信托的实质是将责任和利益分开。 （ ）
4. 现代租赁业务具有融资功能。 （ ）
5. 财务公司就是一个企业管理财务的部门。 （ ）

（五）简答题

1. 简述投资银行的主要业务。

2. 简述投资银行的重要作用及我国投资银行业面临的问题。

3. 简述保险公司的特点及我国保险业面临的问题。

4. 简述投资基金的种类及我国投资基金业存在的问题。

5. 简述政策性金融机构的特征及特殊功能。

（六）论述题

1. 论述投资银行与商业银行的区别。

2. 论述投资基金广受欢迎且发展迅速的原因。

四、参考答案

（一）单项选择题

1. B　2. D　3. C　4. A　5. B　6. C　7. D　8. C　9. A　10. A

（二）多项选择题

1. DE　2. ABCE　3. ABE　4. BE　5. ABCDE
6. CDE　7. AB　8. DE　9. ACDE　10. CD
11. ABDE

（三）名词解释

1. 投资银行是指承销发行债券、股票和参加向投资者销售证券并对工商企业办理投资和长期信贷业务的金融机构。

2. 证券承销是指在证券发行市场上，投资银行接受发行人的委托代为承销证券并以此获得承销手续费收入，这是投资银行的基本业务和本源业务。

3. 资产证券化是指把流动性较差的资产，如金融机构的一些长期固定利率放款或企业的应收账款等，通过投资银行或商业银行予以重新组合，以这些资产作为抵押来发行证券，从而实现相关债权的流动化。

4. 保险公司是金融机构的组成部分，是经营保险业务的经济组织。保险公司是以集合多数单位或个人的风险为前提，用其损失概率计算分摊金，以保险费的形式聚集起来，建立保险基金，用于补偿因自然灾害或意外事故所造成的经济损失的具有法人资格的企业。

5. 信托是以信任为基础的委托行为。经济活动中的信托是指拥有资金、财产及其他标的物的所有人，为获得更好的收益或达到某种目的，委托受托人代为运用、管理、处理财产及代办有关经济事务的经济行为。

6. 委托人是主动提出设立信托关系的一方关系人，其条件是必须拥有作为信托标的物的财产的所有权或具有委托代办经济事务的合法权利。

7. 受托人是接受委托人的授权，并按约定的信托条件对信托财产进行管理或处理的信托关系人。受托人必须具有受托行为能力，必须有管理、运用和处理财产的能力。

8. 租赁是一种信用形式，租赁公司是通过融物的形式起融资作用的企业。

9. 投资基金是按照共同投资、共享收益、共担风险的基本原则和股份公司的某些原则，运用现代信托关系的机制，以基金方式将各个投资者彼此分散的资金集中起来，交由投资专家运作和管理，主要投资于证券等金融产品或其他产业部门，以实现预定的投资目标的投资组织制度。

10. 公司型投资基金是依据《中华人民共和国公司法》设立的投资基金，是一种由委托人发起组织以投资为目的的投资公司（或称投资基金公司），发行投资基金股份，由投资者购买投资基金股份、参与共同投资的信托财产形态。

11. 契约型投资基金是依法设立的投资基金，一般由基金管理公司（委托人）、基金保管机构（受托人）和投资者（受益人）三方通过订立信托投资契约建立起来。

12. 开放型投资基金发行的股票或受益凭证的总数是不固定的，可以根据基金发展需要追加发行。投资者可以根据市场状况和各自的投资决策，或者要求发行机构按现期净资产价值扣除手续费后赎回股份或受益凭证，或者再增加买入股份或受益凭证。

13. 封闭型投资基金的发行总额有限制，一旦完成发行计划后，就不再追加发行。投资者不得要求发行机构赎回股份或受益凭证，但可以将其在证券交易所公开转让，转让价格由市场供求决定。

14. 成长型投资基金追求资本长期增值并注意为投资者争取一定的收益，其投资对象主要是市场中有较大升值潜力的小公司股票，或者是新兴行业的股票。这类基金的投资策略是尽量充分运用其资金，当行情较好时，甚至借入资金进行投资。为了扩大投资额，这类基金经常会把投资者的应得股息也重新投入市场，因此其股息分配只占投资收益的一小部分。

15. 收入型投资基金注重当期收入最大化和基金价格增长，投资对象主要是绩优股和利息较高且收入稳定的债券，其投资策略强调稳健和分散风险，并注意满足投资者对收益的要求，因此一般都会按时派发股息。

16. 在我国，财务公司是“企业集团财务公司”的简称，是一类由大型企业集团内部成员单位出资组建并为各成员单位提供金融服务的非银行金融机构。其宗旨是支持国家重点集团或重点行业的发展。

17. 政策性金融是在一国政府的支持和鼓励下，以国家信用为基础，严格按照国家规定的范围和对象，以优惠的存贷款利率或条件，直接或间接为贯彻、配合国家特定经济和社会发展政策而进行的一种特殊性资金融通行为。

18. 金融资产管理公司是指由国家出面专门设立的以处理银行不良资产为使命的金融机构。

19. 货币经纪公司是指经批准在中国境内设立的，通过电子技术或其他手段，专门从事促进金融机构间资金融通和外汇交易等经纪服务，并从中收取佣金的非银行金融机构。

20. 汽车金融公司是为我国境内的汽车购买者及销售者提供贷款的非银行金融企业法人。

（四）判断与分析题

1. 错误。投资银行行使的是直接融资的职能。

2. 错误。现实社会经济生活中的风险是多种多样的，但并非所有风险都可以通过保险方式予以转移。保险公司能够提供保险的风险必须具备相应的条件：可保险不具有投机性，必须具有偶然性和不可预知性，必须是大量的、分散的、同质的。

3. 正确。信托的实质是将责任和利益分开，承担财产管理责任的人（受托人）并不享受利益，而享受财产利益的人却不承担管理责任。信托也因此成为现代社会中一种广受欢迎的财产管理制度。

4. 正确。现代租赁可以包含多项功能，融资功能是重要的一项。与银行信贷的融资功能相比，融资租赁还具有某些特殊的优势，如租赁可以为承租人提供 100% 的融资，而银行贷款一般不是全额融资。另外，有些融资租赁还可以享受税收上的优惠等。

5. 错误。财务公司也叫金融公司，是指一类通过出售商业票据、发行股票或债券以及向商业银行借款等方式来筹集资金，并用于向购买汽车、家具等大型耐用消费品的消费者或小型企业发放贷款的金融机构。

（五）简答题

1. 证券承销、证券交易、项目融资、企业的兼并与收购、基金管理、风险投资、理财顾问、资产证券化、金融衍生工具。

2. 投资银行在资本市场上扮演了金融中介的主要角色，使得资本供给者与资本需求者的金融交易得以顺利进行。投资银行在作为资本供求双方的媒介的过程中，发挥了咨询、策划与操作的中介作用，并为筹资的成功提供法律上和技术上的支持，从而发挥了直接融资的功能。更进一步来看，投资银行通过其直接融资功能的发挥，促进了一国资本市场的发展，推动了产业集中和结构调查，对提高全社会资源配置的效率发挥了至关重要的作用。

中国投资银行业面临的问题如下：

（1）资本规模小，竞争实力弱。

（2）业务范围狭窄，创新程度不足，缺乏核心竞争力。

（3）高素质专业人才缺乏。

（4）投资银行业的不规范行为普遍存在。

3. 保险公司办理的保险业务是在社会经济互助原则下建立起来的一种经济补偿制度，保险业务计算的基础是概率论。因此，保险分摊补偿的方法是科学合理的。保险的补偿是通过集合多数经济单位共同筹集资金，建立集中的保险基金来实现的。保险合同是在当事人自愿的原则下签订的，受国家法律的保护。保险公司是经济法人，是实行独立经营的经济实体。

中国保险业面临的问题如下：

（1）市场结构过于集中，竞争程度比较弱。

（2）保险中介市场还不成熟，保险经纪、保险公估等中介和辅助机构整体服务水平较低。

（3）保险产品差异性不大，创新能力差，这里面既有制度上的不完善，也有人员素质方面的原因。

（4）保险产品的营销手段比较单一落后，过度依赖人员促销。

（5）保险市场区域发展不平衡。相对于东部地区，西部地区的保险市场发展滞后，尤其是广大农村地区的保险覆盖率较低。

（6）保险资金投资面临限制。

4. 投资基金的内容和种类都十分丰富，并且有不断创新发展的新形式。投资基金常见的分类如下：

（1）按组织形态的不同划分，投资基金可以分为公司型投资基金和契约型投资基金。

（2）按基金变现方式的不同来划分，投资基金可以分为开放型投资基金和封闭型投资基金。

（3）按投资目标的不同来划分，投资基金可以分为成长型基金和收入型基金。

（4）按基金运用规则的不同来划分，投资基金可以分为固定型投资基金和管理型投资基金。

（5）按投资地域或国界的不同来划分，投资基金可以分为国内投资基金和国际投资基金。

中国投资基金业面临的问题如下：

（1）证券市场金融产品单一，制约证券投资基金的选择。

（2）基金管理人存在较为严重的道德风险。

（3）市场监督管理体系不够健全。

5. 政策性金融机构的特征如下：

（1）由政府或政府机构出资创立、参股或扶植。

（2）不以营利或利润最大化为经营目标。

（3）具有特定而有限的业务领域和对象。

（4）遵循特殊的融资原则。

（5）依据某种特定的法律法规。

政策性金融机构的特殊功能如下：

（1）对一国的基础产业和薄弱产业进行直接扶植与强力推进的功能。

（2）以市场经济为前提，对以商业性金融为主体的金融体系的运行有补充与辅助的功能。

（3）政策性金融机构的直接融资对以商业利润为动机的民间投资有诱导、引发或促进其扩张的功能。

（4）政策性金融机构可以利用其在特定领域或行业融资的丰富经验和专业人才，对相关产业或企业提供全面而地道的服务，从而具有服务与协调的功能。

（六）论述题

1. 投资银行是典型的非银行金融机构，投资银行与商业银行的区别如下：

一是从本源上讲，商业银行是存贷款银行，存贷款业务是其本源业务，其他各种业务都是在此基础上衍生和发展起来的；投资银行是证券承销商，证券承销业务是其业务中最核心的一项。

二是从功能上看，商业银行行使间接融资的职能，具有资金盈余者的债务人和资金短缺者的债权人的双重身份，从而承担了资金融通过程中的所有风险，为降低风险，其活动场所主要侧重短期资金市场；投资银行行使的是直接融资的职能，它只是作为资金供需双方的媒介，但并不介入投资者和筹资者之间的权利义务关系，并且投资银行一般是侧重资本市场的活动。

三是从利润构成上看，商业银行的利润首先来自存贷差，其次才是资金营运收入和表外业务收入；投资银行的利润主要来自佣金，包括一级市场承销证券获得的佣金，二级市场作为证券交易经纪收取的佣金以及金融工具创新中资产及投资优化组合管理中收取的佣金，其次才是资金营运收入和利息收入。

四是从管理方式上看，商业银行的经营更注重安全性，这是由其负债的“硬约束”和资产的“软约束”的特征决定的，因此它的资产除各项贷款外，资金营运主要在同业往来和国债与基金等低风险的证券投资上；投资银行在控制风险的前提下更注重以获取高收益为目标的开拓创新，其资金营运主要在风险较高的股票、债券、外汇及掉期、衍生工具等契约式投资上。

2. 首先，投资基金实行专家管理制度，其专业管理人员都经过专门训练，具有丰富的证券投资和其他项目投资经验，因此投资成功率较高。这对于那些没有时间或没有能力专门研究投资决策问题的中小投资者来说尤其具有吸引力。

其次，投资基金将众多中小投资者的小额闲散资金集中起来，可以产生两个方面的好处：一是具有降低交易成本的规模效应，因为一般来说，单位证券买卖的佣金成本是随交易数量增大而递减的；二是投资基金集中了大量资金后，就拥有了多元化经营的有利条件，可以保证在一定的收益水平上将投资风险降到最低限度。

再次，投资基金流动性强，变现能力好。当投资者需要现金或由于其他原因要收回投资时，可以在证券市场上自由地将基金出售而收回现金，对开放式基金来说则可以随时办理赎回。

最后，投资基金在投资手续与操作上都比较规范，投资目标与基本策略都是预先规定好的，不能随意改变。基金的投资人大会有权对经理人员的经营方针提出意见，甚至有权更换经理人员，因此投资基金的操作透明度相对较高。

另外，投资基金从产生以来，尤其是在高速发展的近几十年，其回报率确实是相当可观的。

综上所述，投资基金广受欢迎、发展迅速。

第九章　金融监管

一、教学大纲

（一）教学目的与要求

本章主要讨论金融监管的含义、必要性、目标与原则，同时分别介绍银行业监管、保险业监管以及金融监管的国际组织与规则。学习完本章，学生应理解和掌握金融监管的理论、金融监管的目标与原则、金融监管的国际原则、金融监管的主要体制和发展趋势。

（二）教学内容梗概

1. 金融监管的经济学分析

（1）金融监管的收益分析。由于市场存在缺陷，代表公众利益的政府有必要在一定程度上介入经济市场，通过管制来纠正或消除市场缺陷，达到提高社会资源配置效率、降低社会福利损失的目的。政府只要监管适当，不仅可以维护社会公众整体利益，还使管制成本降到最低水平。

（2）金融监管的成本分析。在金融监管中，成本主要分为显性成本和隐性成本。显性成本是金融监管的主要成本，如监管当局的行政预算支出。隐性成本主要表现为间接成本，如过度监管导致的效率损失和道德风险。监管越严格，成本就越高。

（3）金融监管的失灵分析。金融监管在一定程度上可以纠正市场的缺陷，但存在失灵问题，即政府管制并不必然实现资源的有效配置，因为存在监管者的经济人特性、监管行为的非理想化和监管的低效率等因素。

2. 金融监管的目标与原则

（1）金融监管的目标。金融监管的目标是指金融监管所要达到的最终目的。目前，金融监管的目标大致可以归纳为维护金融稳定、安全，提升金融效率，保护投资者利益。

（2）金融监管的原则。金融监管的原则一般有六个：依法监管原则，适度监管原则，公平、公正、公开原则，“内控”与“外控”相结合原则，综合性管理原则，持续监管原则。

3. 金融监管的主要内容

（1）银行业的监管。各国银行监管机构对银行业的监管内容主要包括对商业银行的准入监管、日常监管、存款保险制度和银行危机处理与退出管理。

①准入监管。监管当局对银行准入的控制是为了保证新设立的银行具有良好的品质，并保持银行数量与社会需要相适应，促进银行业的适度有效竞争。

银行监管当局对准入的判断标准既有量的标准，也有质的标准。量的标准主要指最低资本金要求，设立商业银行必须达到法定最低注册资本金，以保护债权人的利益并维持银行体系的稳定运行。质的标准主要包括银行业竞争状况、高级经营管理人员素质、法人资格、经营管理方式与计划等内容。

②日常监管。银行的日常监管包括银行财务状况的监管、银行内部控制的监管、商业银行的稽核与检查。

③存款保险制度。存款保险制度要求存款的金融机构为其吸收的存款向存款保险机构投保，当投保机构发生无力支付存款时，由存款保险机构代为支付限定数额的保险金。存款保险制度设立的目的是维护存款者利益和维护金融业的稳定。各国对存款保险制度的目的主要有单一目的和双重目的之分。单一目的指保护存款者利益，双重目的指不仅保护存款者利益，还对破产倒闭的金融机构进行业务接管、提供资金支持或在营业转让中给予资金援助。

存款保险制度也可能导致道德风险。对存款人而言，存款人可能减少审慎选择银行的动力，减弱了对银行的外部约束；对银行而言，存款者的挤兑动机减少，使银行放松经营。风险高的银行并不缴纳更多的保费，从事高风险的经营活动还获得高收益，从而将银行体系拖入陷阱。

④银行危机处理与退出管理。危机处理是事后的挽救性措施，主要包括紧急救助、接管和并购。在对濒临破产的银行采取的挽救措施仍不能恢复银行正常经营的情况下，法院将对其进行破产处理。

（2）保险业的监管。

①保险业市场准入的监管。设立保险机构、从事保险业务必须有符合法律规定的公司章程，并达到符合规定的注册资本最低限额，有具备任职资格的高级管理人员，有健全的组织机构和管理制度，有符合要求的营业场所。其中，资本金、高级管理人员任职资格和保险公司业务范围是核心内容。

②保险业务运营的监管。对保险机构市场营运监管的具体内容在各国之间并不完全相同，一般将监督检查的重点放在偿付能力、财务和市场行为等方面。

③保险业问题处理和退出监管。《中华人民共和国保险法》及有关法律法规对保险机构的处罚做了具体规定，有警告、通报批评、罚款、没收非法所得、责令停止经营部分业

务、整顿、实施接管、责令撤换责任人、吊销经营保险业务许可证等处罚。

对违反《中华人民共和国保险法》及其他法律规定的行为等情节严重者，保险监管部门有权对保险机构实施接管。保险机构违反法律、行政法规，被保险监管部门吊销经营保险业务许可证的，依法撤销，由保险监管部门组织清算组进行清算。保险公司不能支付到期债务，经保险监管部门同意，由法院依法宣告破产，并由法院组织保险监管部门等有关部门和人员成立清算组进行清算。

（3）证券业的监管。

①证券发行的监管。对证券发行的监管主要是对发行资格的审核，只有符合证券发行条件，上市公司才能进入市场发行证券。目前，世界各国对证券发行审核的方式主要有注册制和核准制。

②证券交易的监管。对证券交易的监管是监督证券市场的投资者依照法律法规和市场规则公平进行投资活动，禁止内幕交易、操纵市场等证券欺诈活动，维护市场的正常交易秩序，保护全体投资者的利益。证券交易的监管主要包括证券上市制度、市场交易规则、信息披露制度。

③证券流通的监管。对证券流通市场的监管主要包括对证券交易所的监管、对证券商的监管、对上市公司的监管、对证券经营机构和专业服务机构的监管。

4. 金融监管体制与国际合作

近年来，全球经济一体化和金融创新的发展使金融监管面临越来越多新的且复杂的挑战，从而促使各国进行金融监管的国际合作。

（1）中国金融监管体制。我国现行金融监管体制的基本特征是分业监管。这种金融监管组织结构表明，除中央银行负责宏观调控外，其他几个监管机构都是集中于行业的微观规制层面。选择这种监管体制的最大好处是有利于提高监管的专业化水平并及时达到监管目标，有利于提高“机构监管”的效率。

我国金融监管体制是在我国现有的政治、经济、社会制度及历史等多因素的作用下形成的，是依据我国的实际情况建立的符合我国国情的金融体系。随着金融全球化、自由化和金融创新的迅猛发展，金融业开放加快，金融监管环境发生重大变化，分业监管体制已显现出明显的不适应。在混业经营下，金融业务有交叉的趋势，实施跨产品、跨机构、跨市场的监管，即功能性监管，统一、综合的监管模式必将成为我国金融监管体制最终的选择。

（2）金融监管的国际合作。

①金融监管合作的国际性组织。国际清算银行的主要业务有商讨国际金融合作问题、从事货币和金融问题研究、为各国央行提供金融服务以及受托协助执行国际金融协定。巴塞尔银行监管委员会的主要作用在于通过一些协议抑制国际银行业之间的不公平竞争，规范国际银行行为，稳定世界金融体系。国际货币基金组织的主要业务有监督成员方的外汇安排与外汇管制、安排成员方定期或紧急磋商、为成员方提供一个协调方际货币问题的平台、为成员方提供短期资金融通。世界银行主要是向发展中国家提供开发性的中长期贷款，资助长期建设项目，促进经济增长与资源开发。此外，金融监管合作的国际性组织还

有世界贸易组织、国际证券委员会组织、国际保险监管协会和国际会计准则委员会。

②金融监管的国际性协议。1988 年 7 月，巴塞尔银行监管委员会通过了《巴塞尔协议》。该协议主要包含了关于资本的组成、关于风险加权的计算和关于准备比率的目标三方面内容。其目的在于通过制定银行的资本与资产间的比例，确定出计算方法和标准，以加强国际银行体系的健康发展；制定统一的标准，以消除在国际金融市场上各国银行之间的不平等竞争。

1997 年 9 月，巴塞尔银行监管委员会正式通过了《银行业有效监管核心原则》（以下简称《核心原则》），为规范银行监管提出了国际统一的准则。这个原则涉及面广，确定了一个有效监管系统所必备的 25 项基本原则。

③更新中的《巴塞尔协议》。《巴塞尔协议Ⅱ》于 2003 年 4 月公布，又称《巴塞尔新资本协议》。该协议由三大支柱组成，即最低资本要求、监管当局对资本充足率的监督检查、市场纪律。

2010 年 11 月，《巴塞尔协议Ⅲ》获得批准。该协议规定了最低资本充足率标准、留存缓冲资本、逆周期缓冲资本以及系统重要性银行的附加资本，并提出了具体的过渡时间表。除此之外，该协议还引入了杠杆率和流动性标准作为资本充足率标准的补充。

2011 年，中国银监会推出以“新四大监管工具”为核心的国内版《巴塞尔协议Ⅲ》监管标准，这些指标主要包括资本充足率、动态拨备、杠杆率和流动性指标。相比而言，我国的要求更为严格。

从长期看，我国银行业在银行资本补充上会面临《巴塞尔协议Ⅲ》的约束。至于其他三项监管标准的影响，毋庸置疑，它们将与资本充足率监管标准一起使我国银行业风险控制能力更强，使我国银行业加快经营转型，走高质量发展的经营道路。

二、重点难点分析

本章的主要内容是金融监管的经济学分析、银行业监管、证券业监管、保险业监管和中国的金融监管体系等知识。本章的重点难点如下：

（1）金融监管的经济学分析包括金融监管的收益分析、金融监管的成本分析和金融监管的失灵分析。

（2）金融监管的目标是维持金融稳定、提高金融资源使用效率和保护投资者利益。金融监管依据监管法律，在公平、公正、公开原则的指导下，“内控”与“外控”相结合，适度监管和综合性管理相结合，进行持续监管。

（3）金融监管按行业分为银行业的监管、证券业的监管、保险业的监管。金融监管主要包括市场准入监管、业务运营监管和市场退出监管。

金融监管始于 20 世纪 30 年代，经历了集中监管、分业监管和混业监管的阶段。目前，国际上主要存在金融监管机构和金融监管协议两大监管体系。学生需要重点了解《巴塞尔协议Ⅱ》和《巴塞尔协议Ⅲ》的有关内容。

三、习题练习

（一）单项选择题

1. 金融监管机构按大类可以分为证券、保险、（　　）监管机构。

A. 信托　　B. 银行　　C. 金融　　D. 基金

2. 金融监管的基本出发点是维护（　　）。

A. 社会公众利益　　B. 消费者利益

C. 集团利益　　D. 被监管者利益

3. 依法监管原则是指（　　）。

A. 金融监管必须依法而行　　B. 金融机构必须依法经营

C. 金融运行必须依法管理　　D. 金融调控必须依法操作

4. 商业银行设立必须达到法定最低资本额的目的是（　　）。

A. 保护存款人利益

B. 保障商业银行利益与维护银行体系稳定

C. 维护银行体系稳定

D. 保护存款人利益与维护银行体系稳定

5. 下列关于存款保险制度的说法中，错误的是（　　）。

A. 保护存款人的利益，尤其是保护处于多数地位的小额存款人的利益

B. 建立对严重问题的银行进行处置的合理程序

C. 在一定程度上提高了公众对银行的信心，保证银行体系的稳定

D. 存款保险制度可以取代监管当局的审慎监管职能

6. 根据《巴塞尔协议Ⅲ》的新内容，核心一级资本充足率、一级资本充足率和资本充足率分别是（　　）。

A. 4%，6%，12%　　B. 4.5%，6%，12%

C. 4.5%，6%，8%　　D. 4%，6%，8%

7. 中国的金融监管体制是（　　）。

A. 集中监管　　B. 分业监管

C. 不完全集中监管　　D. 统一监管

8. 存款保险制度之所以会加剧银行业中逆向选择问题，是因为（　　）。

A. 使得风险偏好性的管理者能够更加激进地经营

B. 增加银行业的风险贷款规模

C. 减少了银行的存款规模

D. 使得银行的资本金减少

9.《巴塞尔协议》的主要目的是（　　）。

A. 推进银行的存款保险制度

B. 提升银行的盈利能力

C. 统一银行的资本金要求

D. 取消银行开设分支机构的限制

10. 监管当局会规定银行的资本金要求，这是因为资本金较低会（　　）。

A. 加剧银行的道德风险

B. 加剧银行的逆向选择

C. 降低银行的资产收益率

D. 降低银行的权益收益率

（二）多项选择题

1. 保险公司偿付能力的影响因素主要有（　　）。

A. 宏观经济环境

B. 监管法规

C. 自然环境

D. 保险公司自身经营发展战略

E. 利率水平

2. 注册制适用于（　　）国家和地区。

A. 证券市场成熟的

B. 投资者素质较高的

C. 证券市场尚未成熟的

D. 投资盛行的

E. 证券品种较少的

3. 存款保险制度的具体目的有（　　）。

A. 单一目的

B. 双重目的

C. 安全目的

D. 稳定目的

E. 效率目的

4. 商业银行业务营运监管包括（　　）。

A. 资本充足条件监管

B. 商业银行清偿能力管理

C. 商业银行贷款集中程度管理

D. 商业银行信息披露管理

E. 商业银行资产业务管理

5. 金融监管的原则主要有（　　）。

A. 依法监管原则

B. 适度竞争原则

C. 自我约束原则

D. 综合性管理原则

E. 社会经济效益原则

6.《巴塞尔协议》将银行资本划分为（　　）两档。

A. 核心资本

B. 公开准备金

C. 附属资本

D. 未公开准备金

E. 资产重估准备金

7. 进行监管必然要付出成本，属于监管成本的是（　　）。

A. 执法成本　　B. 效益损失

C. 守法成本　　D. 道德风险

E. 行政预算支出

8. 金融监管的目标有（　　）。

A. 维护金融稳定　　B. 维护金融安全

C. 提升金融体系效率　　D. 保护投资者利益

E. 金融机构利润最大化

9. 金融监管的原则有（　　）。

A. 依法监管原则　　B. 适度监管原则

C. 公平、公正、公开原则　　D. “内控”与“外控”相结合原则

E. 综合性、持续管理原则

10. 保险业财务监管的内容有（　　）。

A. 资本充足性监管　　B. 准备金监管

C. 保险保障基金监管　　D. 资金运用监管

E. 最低偿付能力的监管

11. 金融监管合作的国际性组织有（　　）。

A. 国际清算银行　　B. 巴塞尔银行监管委员会

C. 国际货币基金组织　　D. 世界银行

E. 世界贸易组织

12.《巴塞尔协议Ⅱ》的三大支柱是（　　）。

A. 最低资本金要求　　B. 优化风险加权资产的计算方法

C. 监管当局的监督检查　　D. 市场纪律

E. 设定最低杠杆率

（三）名词解释

1. 金融监管

2. 存款保险制度

3. 注册制

4. 核准制

5. 信息披露制度

6. 偿付能力

7. 集中监管

8. 分业监管

9. 不完全集中监管

（四）判断与分析题

1. 金融监管总能够有效保护公众利益和消费者利益。（　　）
2. 保证金融机构的正常经营活动是金融监管的总体目标。（　　）
3. 金融监管的基本出发点是金融机构的利益最大化。（　　）
4. 金融监管能够完美解决市场失灵。（　　）
5. 存款保险制度可能会使高风险的商业银行风险进一步增大。（　　）

（五）简答题

1. 简述金融监管的目标和原则。

2. 银行业监管的内容主要有哪几个方面？

3. 证券流通市场监管的内容主要有哪几个方面？

4. 证券业监管的内容主要有哪几个方面？

5. 保险业监管的内容主要有哪几个方面？

（六）论述题

1. 论述存款保险制度的作用及对我国不同规模商业银行可能带来的影响。

2. 结合我国现有监管体制，谈谈你对我国金融监管的方向的看法。

3. 分析《巴塞尔协议Ⅲ》对我国银行业带来的影响。

四、参考答案

（一）单项选择题

1. B　2. A　3. A　4. D　5. D　6. C　7. B　8. A　9. C　10. A

（二）多项选择题

1. ABCD　2. AB　3. AB　4. ABCD　5. ABCDE
6. AC　7. ABCDE　8. ABCD　9. ABCDE　10. ABCD
11. ABCDE　12. ACD

（三）名词解释

1. 金融监管是指政府通过特定的机构（如中央银行）对金融交易行为主体进行的某种限制或规定。

2. 存款保险制度是一种金融保障制度，是指由符合条件的各类存款性金融机构集中起来建立一个保险机构，各存款机构作为投保人按一定存款比例向其缴纳保险费，建立存款保险准备金，当成员机构发生经营危机或面临破产倒闭时，存款保险机构向其提供财务救助或直接向存款人支付部分或全部存款，从而保护存款人利益，维护银行信用，稳定金融秩序的一种制度。

3. 注册制是实行公开管理的原则，要求发行人在发行证券前需按照法律规定向证券监管机构申请注册登记，同时依法提供与发行相关的一切信息和各种资料。

4. 核准制是实行实质管理的原则，要求发行人的证券发行申请必须经过监管机构审查批准方能生效，发行人除充分公开其真实情况外，还必须符合《中华人民共和国公司法》《中华人民共和国证券法》以及监管机构规定的必备条件。监管机构有权否决不符合条件的发行申请。

5. 信息披露制度又称公示制度，要求证券市场的相关当事人在证券发行、上市、交易等一系列环节，应依据法律和有关规定监管一切相关真实信息并予以公开。信息披露必须及时、真实、准确、全面、规范。

6. 偿付能力是指保险公司偿还到期债务的能力。从保险监管的角度看，保险公司的偿付能力一般分为两种，即实际偿付能力和最低偿付能力。

7. 集中监管也称为统一监管或混业监管，是指对不同的金融行业、金融机构和金融业务均由一个监管机构负责，一般为中央银行或其他政府机构。

8. 分业监管也称为分头监管，是指在银行、证券和保险领域内分别设置独立的监管机构，专门负责本领域的全面监管，包括审慎监管和业务监管。

9. 不完全集中监管也称为不完全统一监管，是处于完全集中监管和完全分业监管之间的一种形式。

（四）判断与分析题

1. 错误。因为监管过程存在大量直接成本和社会经济净损失，并且政府监管也存在着低效率性。

2. 错误。维持一个稳定、健全、高效的金融制度才是金融监管的总体目标。

3. 错误。金融监管的基本出发点是维护社会公众利益。

4. 错误。金融监管在一定程度上可以纠正市场的缺陷，但也存在失灵问题，因为存在着监管者的经济人特性、监管行为的非理想化以及监管的低效率性。

5. 正确。存款保险制度也可能导致道德风险。对存款人而言，存款人可能减少审慎选择银行的动力，减弱了对银行的外部约束；对银行而言，存款者的挤兑动机减少，使银行放松经营。风险高的银行并不缴纳更多的保费，从事高风险的经营活动可以获得高收益，从而将银行体系拖入陷阱。

（五）简答题

1. 金融监管的目标是金融监管所要达到的最终目的。金融监管的目标主要如下：

（1）维护金融稳定、安全。金融监管要防止金融业崩溃导致的整个国民经济的连锁反应，应使金融业保持稳定和安全。这是金融监管的首要目标。

（2）效率性。二战后自由主义思想的盛行和银行挤兑事件的大大减少使放松管制的呼声很高，加上经济的快速增长使得金融业的竞争越来越激烈，金融监管在维护金融稳定、安全的基础上更强调效率。

（3）保护投资者利益。在历经几次金融危机后，金融监管的目标是在维护金融体系稳定、安全和效率的基础上，强调保护投资者利益。其实，保护投资者利益就是维护金融的稳定、社会的和谐。

金融监管的原则是监管过程中监管当局的行为准则。一般来说，公认的金融监管的原则有以下六个：

（1）依法监管原则。

（2）适度监管原则。

（3）公平、公正、公开原则。

（4）“内控”与“外控”相结合原则。

（5）综合性管理原则。

（6）持续性原则。

2. 各国银行业监管机构对银行业监管的主要内容包括对商业银行的准入监管、日常监管、存款保险制度、银行危机处理与退出管理。

3. 对证券流通市场的监管主要包括对证券交易所的监管、对证券商的监管、对上市公司的监管、对证券经营机构的监管、对证券专业服务机构的监管。

其中，对证券交易所的监管主要是对证券交易场所的监督管理；对证券商的监管分为对证券商资格的管理和对证券商交易行为的管理；对上市公司的监管主要是对信息披露制度的执行情况进行监管，完善事前问责、依法披露和事后追究的监管制度；对证券经营机构的监管主要是对机构的设立进行审批，对机构高级经营管理人员的任职资格进行审查，对机构的经营业务进行日常监督、监察，对机构及其从业人员的违法违规行为进行查处等；对证券专业服务机构的监管主要包括对从事证券业务的律师事务所、会计师事务所、资产评估机构、证券投资咨询机构、证券市场信息传播机构的资格管理和日常业务管理。

4. 证券业监管的内容主要包括证券发行的监管、证券交易的监管、证券流通的监管。

5. 保险业监管的内容主要包括保险业市场准入的监管、保险业务运营的监管、保险业问题处理和退出的监管。

（六）论述题

1. 存款保险制度要求存款的金融机构为其吸收的存款向存款保险机构投保，当投保机构发生无力支付存款时，由存款保险机构代为支付限定数额的保险金。存款保险制度设立的目的是维护存款者利益和维护金融业的稳定。各国设立存款保险制度的目的主要有单一目的和双重目的之分。单一目的是指保护存款者利益；双重目的是指不仅保护存款者利益，还对破产倒闭的金融机构进行业务接管、提供资金支持或对营业转让给予资金援助。

因此，存款保险制度可以保护存款人的利益，尤其是保护居于多数的小额存款人的利益，能够建立对出现严重问题的银行进行处置的合理程序，能够提高公众对银行的信心，保证银行体系的稳定。

但是存款保险制度也可能导致道德风险。对存款人而言，存款人可能减少审慎选择银行的动力，减弱了对银行的外部约束；对银行而言，存款者的挤兑动机减少，使银行放松经营。风险高的银行并不缴纳更多的保费，从事高风险的经营活动还获得高收益，从而将银行体系拖入陷阱。

存款保险制度对我国不同规模的商业银行的影响如下：一是可能会使大型银行的存款吸引力下降，因为存在存款保险制度，储户不必担心存款受到损失，加上规模小的银行的存款利率可能比规模大的银行的存款利率要高，使得存款流向规模较小的银行；二是规模较小的银行并不用缴纳更多的保费，因此在利益的驱使下，规模较小的银行可能会从事高风险的经营活动，从而使得自身风险增大，并进一步增大整个银行系统的风险。

从总体上来说，存款保险对中小银行更有利。一方面，存款保险制度可以大大增强中小银行的信用和竞争力。存款保险可以提升中小银行的信用，为大、中、小银行创造一个公平竞争的环境，推动各类银行业金融机构同等竞争和均衡发展。另一方面，存款保险制度可以为中小银行创造一个稳健经营的市场环境。通过加强对存款人的保护，存款保险可以有效稳定存款人的预期，进一步提升市场和公众对银行体系的信心，增强整个银行体系的稳健性。

从各国经验看，建立存款保险制度是发展民营银行、中小银行的重要前提和条件。美国社区银行的健康发展，在很大程度上得益于美国存款保险制度的建立和完善，使小银行具备与大银行平等竞争的制度基础，维持了整个金融体系的多样性，改善和加强了对小企业、社区和农民的金融服务。

国家建立存款保险制度，完善金融机构市场化退出机制，可以为民营银行、中小银行的健康发展提供坚实的制度保障。一般来说，存款保险对不同经营质量的金融机构实行差别费率，并采取及时的风险纠正措施，有利于促进形成有效竞争、可持续发展、主要面向“三农”和小微企业的中小金融机构体系，形成更加合理的金融体系结构布局，进一步提升金融服务实体经济的能力和水平。

2. 我国现行金融监管体制的基本特征是分业监管。在总体上，我国不仅统一了监管框架，加强了监管专业化，提高了监管效率，而且还有利于中央银行更加有效地制定与执行货币政策。

我国金融监管体制是在我国现有的政治、经济、社会制度及历史等多因素的作用下形成的，是依据我国的实际情况建立的符合我国国情的金融体系。随着金融全球化、自由化和金融创新的迅猛发展，金融业开放加快，金融监管环境发生重大变化，分业监管体制已显现出明显的不适应。

我国金融监管体系正处于不断建立和完善的过程中，一方面，我国要积极借鉴和吸收国外成熟的金融监管体制的建设经验；另一方面，我国要结合金融监管的环境、目标、主体、方式等因素实现内在的统一和协调。在混业经营下，金融业务有交叉的趋势，实施跨产品、跨机构、跨市场的监管，即功能性监管，统一、综合的监管模式必将成为我国金融监管体制最终的选择。

因此，监管部门要根据我国的具体国情和金融发展阶段，在现有监管体制框架基础上，做好银行、证券、保险的分业监管工作，不断提高监管的专业化水平，完善金融监管协调合作机制。同时，监管部门要对相关法律法规进行修改，逐步将金融监管体制从分业监管转向混业监管、从机构性监管转向功能性监管，之后再建立统一的监管体制框架。

3. 2010 年 11 月，结合对 2008 年爆发的全球金融危机进行的反思，《巴塞尔协议Ⅲ》获得批准。该协议规定了最低资本充足率标准、留存缓冲资本、逆周期缓冲资本以及系统重要性银行的附加资本，并提出了具体的过渡时间表。除此之外，该协议还引入了杠杆率和流动性标准作为资本充足率标准的补充。

2011 年，中国银监会推出以“新四大监管工具”为核心的国内版《巴塞尔协议Ⅲ》监管标准，这些指标主要包括资本充足率、动态拨备、杠杆率和流动性指标。相比而言，我国的要求更为严格。

自 2013 年起，我国商业银行正式执行《商业银行资本管理办法（试行）》。截至 2015 年年底，商业银行核心资产充足率为 10.9%，一级资本充足率为 11.3%，资本充足率为 13.5%，资本充足率较 2015 年年初上升 0.27 个百分点。

从数据来看，我国银行业的平均资本水平达到了《巴塞尔协议Ⅲ》要求的短期标准，《巴塞尔协议Ⅲ》的过渡期（2011—2019 年）比较长，因此在短期内，《巴塞尔协议Ⅲ》对我国银行业的冲击不会很大。

从长期看，我国银行业在银行资本补充上会面临《巴塞尔协议Ⅲ》的约束。近年来，国内外经济形势复杂，国内银行业不良资产率有所上升，从 2016 年开始，银行的留存缓冲资本和逆周期缓冲资本的计提要求有变化，届时《巴塞尔协议Ⅲ》可能会对我国银行业造成较明显的影响。

至于其他三项监管标准的影响，毋庸置疑，它们将与资本充足率监管标准一起使我国银行业风险控制能力更强，使我国银行业加快经营转型，走高质量发展的经营道路。

五、延伸阅读

2017 年存款保险基金收入情况

《存款保险条例》自 2015 年 5 月 1 日起施行，我国存款保险制度正式建立。按照国务院工作部署和要求，中国人民银行认真履行职责，精心组织、扎实做好存款保险制度实施各项工作。全国 3 959 家吸收存款的银行业金融机构已全部办理了投保手续，风险差别费率平稳实施，存款保险制度功能不断完善。2017 年，大中小银行存款的格局保持稳定，银行业金融机构经营秩序正常，各方反应积极正面。存款保险制度作为金融业的一项重要基础性制度安排，在完善金融安全网、加强存款人保护、推动形成市场化的金融风险防范和处置机制，建立维护金融稳定的长效机制等方面发挥了积极作用。

根据《存款保险条例》的规定，投保机构向存款保险基金管理机构缴纳保费，形成存款保险基金。存款保险基金由中国人民银行开立专门账户，分账管理，单独核算。2017 年，存款保险基金专户共归集保费 236.07 亿元，利息收入 6.11 亿元。截至 2017 年 12 月 31 日，存款保险基金专户余额为 480.28 亿元，并且尚未发生支出和使用情况。存款保险基金收支情况统计如表 9-1 所示。

表 9-1　存款保险基金收支情况统计　　单位：元

项目	2016 年	2017 年
一、期初基金专户余额	3 099 980 654.42	23 810 479 076.13
二、本年归集	20 710 498 421.71	24 217 817 775.29
1. 保费	20 471 200 682.84	23 606 898 563.06
2. 滞纳金	134 437.49	395 698.41
3. 利息收入	238 139 580.01	610 523 487.43
4. 暂收款项	1 023 721.37	26.39
三、本年支出	—	—
四、期末基金专户余额	23 810 479 076.13	48 028 296 851.42

资料来源：中国人民银行金融稳定局网站。

第十章　货币供给

一、教学大纲

（一）教学目的与要求

本章主要讨论货币供给统计口径的划分、存款货币创造机制、货币供给的决定因素以及中国的货币供给。学习完本章，学生应掌握谁控制着货币供给、怎么控制货币供给、货币供给数量是如何变化的。

（二）教学内容梗概

1. 货币供给统计口径

从 1994 年第三季度起，中国人民银行正式推出货币供给量统计检测指标，并按季度向社会公布。我国在 2001 年第二季度调整 M2 统计口径，把股民保证金存款计入广义货币。我国的货币供给划分为以下三个层次：

M0＝流通中的现金

M1＝M0+企业单位活期存款+农村存款+机关、团体、部队存款+个人持有的信用卡类存款

M2＝M1+城乡居民储蓄存款+企业存款中具有定期存款性质的存款（单位定期存款和自筹基建存款）+外币存款+信托类存款+证券公司股民保证金存款

M1 被称为狭义货币，是现实购买力；M2 被称为广义货币；M2 与 M1 之差被称为准货币，是潜在购买力。

2. 存款的货币创造机制

（1）商业银行创造存款货币的前提条件。一般而言，只有同时具备了部分准备金制度和非现金结算这两个基本条件，银行才能创造派生存款。

在部分准备金制度下，银行吸收到存款，并不需要为存款保留等额的现金，而只是按存款的一定比例保留准备金，包括库存现金和在中央银行存款，其余部分可以发放贷款或投资，并由此形成多倍的存款创造。

转账结算并不表现为现金形式，而只是将活期存款从一个存款账户转到另一个存款账户上，存款转移意味着现金不流出银行，资金来源不减少，是银行以增记客户存款方式发放贷款的基础。

（2）原始存款、派生存款和存款准备金。原始存款是指商业银行吸收的、能增加其准备金的存款，是商业银行进行信用扩张和创造派生存款的基础。派生存款是指商业银行用转账结算方式发放贷款或进行其他资产业务时所转化而来的存款。将存款划分为原始存款和派生存款只是从理论上说明两种存款在银行经营中的地位和作用不同。事实上，在银行的存款总额中是无法区分谁是原始存款、谁是派生存款的。商业银行的存款准备金以两种具体形式存在：一是商业银行持有的应付日常业务所需的库存现金；二是商业银行在中央银行的负债，是商业银行的资产。

存款准备金、法定准备金、超额准备金之间的数量关系如下：

存款准备金＝法定准备金+超额准备金

＝库存现金+商业银行在中央银行的存款

法定准备金＝法定准备金率×存款总额

超额准备金＝存款准备金−法定准备金

（3）存款货币的创造与缩减过程。

①存款货币的创造。

$$K=D/\Delta R=1/r$$

式中，K 为存款乘数，D 为经过派生的存款总额，ΔR 为原始存款的变动额，r 为法定存款准备金率。

存款货币创造在量上的限制因素为法定存款准备金率 r_d 、现金漏损率 c、超额准备金率 e、定期存款准备金率 r_t 。在考虑这些因素后，上述公式可进一步修正为：

$$K = D/\Delta R = 1/(r_d + c + e + r_t \cdot t)$$

②存款货币的缩减。银行系统派生存款倍数创造原理在相反方向的应用就是派生存款的缩减过程。

3. 货币供给的决定因素

（1）基础货币：原始存款的源头。

①基础货币的概念。基础货币又称高能货币、强力货币，是指流通中的现金和银行存款准备金的总和。基础货币是商业银行创造存款货币的源头和基础。基础货币一般用 M_b 表示。

$$M_b = C + R$$

式中，C 表示流通中的现金，R 表示存款准备金。

②影响基础货币变动的因素。影响基础货币变动的因素有中央银行对商业银行的债权规模与基础货币量，中央银行对财政的债权规模与基础货币量，外汇、黄金占款规模与基础货币量。

③基础货币与商业银行的货币创造。中央银行提供的基础货币与商业银行创造存款货币的关系实际上是一种源与流、因与果、小与大的关系。中央银行掌握着商业银行创造存款货币的源头——基础货币的创造与提供。商业银行作为直接货币供给者，其创造存款货币的存贷活动，从而能提供的货币数量，均建立在基础货币这个基础之上。

（2）货币乘数：基础货币扩张的倍数。

①货币乘数。货币乘数，即基础货币扩张或收缩的倍数，是货币供给量与基础货币之比。

$$m = (C + D)/(C + R) = M_S/M_b$$

式中，m 为货币乘数，它代表的是每 1 元基础货币的变动所能够引起的货币供给量的变动。

②M1 层次的货币乘数。

$$m_1 = (1 + c)/(r_d + r_t + c + e)$$

③M2 层次的货币乘数。

$$m_2 = (1 + t + c)/(r_d + r_t + c + e)$$

4. 货币供给的基本模型

货币供给的基本模型为：

$$M_S = m \cdot M_b$$

从中可以看出货币供给的决定因素是基础货币和货币乘数，而货币乘数受制于商业银行、中央银行和社会公众。货币供给的影响因素如图 10-1 所示。

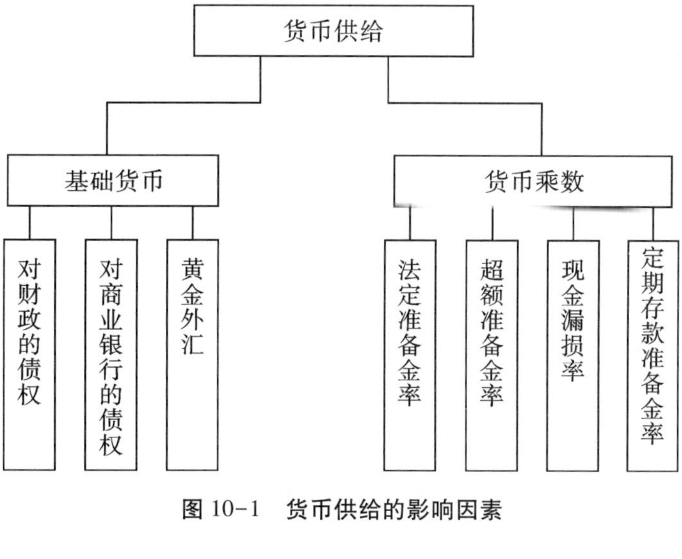

图 10-1　货币供给的影响因素

二、重点难点分析

本章的重点难点如下：

（1）货币供给口径的划分是本章的重点内容。学生需要了解世界各国中央银行的货币供给量统计口径，需要掌握的重点和难点问题是划分货币层次的标准和意义、金融创新对其产生的影响。

（2）存款的货币创造机制是本章的重点难点内容。学生需要掌握商业银行创造存款货币的前提条件（部分准备金制度、转账结算），原始存款和派生存款之间的区别与联系，推导存款货币的创造与缩减过程，从而深刻理解和掌握存款货币创造机制。在现代信用制度下，从整个商业银行体系来看，中央银行所供给的基础货币，一旦被商业银行吸收为活期存款，在扣除相应的准备金之后，就会在各家商业银行之间辗转使用，最终被放大或缩小为多倍的活期存款。

（3）货币供给的决定因素是本章的重点难点内容。学生需要深刻理解基础货币的概念，重点掌握影响基础货币变动的因素。学生应重点掌握货币乘数的概念，掌握根据不同货币层次推导货币乘数。不同层次的货币流动性不同，货币乘数大小也就不一致。那么，货币在不同层次间的转移，不但改变了货币流通结构，而且改变了货币供给量。

（4）货币供给的基本模型是本章的重点内容。货币供给量决定于两大因素，即基础货币和货币乘数。影响基础货币变动的因素是中央银行对商业银行的债权规模，中央银行对财政的债权规模，中央银行的外汇、黄金占款规模。货币乘数主要决定于法定存款准备金率、定期存款准备金率、超额存款准备金率、现金漏损率等因素。与基础货币不同的是，货币乘数并非直接决定于货币当局或中央银行的行为，在一定程度上主要决定于中央银行、商业银行和社会公众的行为。货币供给量既具内生性，又具外生性。

三、习题练习

（一）单项选择题

1. 各国中央银行确定货币供给口径的依据是（　　）。

A. 流动性　　B. 安全性　　C. 效益性　　D. 周期性

2. 现阶段中国货币供应量中 M2 减 M1 是（　　）。

A. 狭义货币供应量　　B. 广义货币供应量

C. 准货币　　D. 流通中的现金

3. 如果银行吸收到原始存款 75 元，法定准备金率为 0.20，则这笔存款最多可能扩张到（　　）。

A. 75 元　　B. 375 元　　C. 575 元　　D. 750 元

4. 超额准备金等于（　　）。

A. 库存现金+商业银行在中央银行的存款

B. 法定存款准备金率×库存现金

C. 法定存款准备金率×存款总额

D. 存款准备金-法定存款准备金

5. 流通中现金加企事业单位活期存款构成（　　）。

A. M0　　B. M1　　C. M2　　D. M3

6. M1、企事业单位定期存款和居民储蓄存款等构成（　　）。

A. 狭义货币供应量　　B. 广义货币供应量

C. 准货币　　D. 货币供应量

7. 超额准备金与实际准备金的数量关系是（　　）。

A. 前者=后者　　B. 前者>后者

C. 前者<后者　　D. 不确定

8. 如果（　　），那么法定准备金与实际准备金相等。

A. $e>0$　　B. $e<0$　　C. $e=0$　　D. 不确定

9. 如果原始存款为 30 万元，派生存款为 90 万元，则 K 为（　　）。

A. 2　　B. 3　　C. 4　　D. 5

10. 如果法定准备金为 13 万元，超额准备金为 7 万元，则实际准备金为（　　）。

A. 20 万元　　B. 13 万元　　C. 7 万元　　D. 6 万元

11. 如果 $K=4$，$r=10\%$，$e=10\%$，则 c 为（　　）。

A. 5%　　B. 10%　　C. 15%　　D. 20%

12. 内生变量是由（　　）决定的。

A. 政策因素　　B. 经济因素

C. 非经济因素　　D. 人为因素

13. 基础货币等于（　　）。

A. 通货+存款货币　　B. 存款货币+存款准备金

C. 通货+存款准备金　　D. 原始存款+派生存款

14. 在存款总额一定的情况下，法定准备金率越高，商业银行可用于放款的份额（　　）。

A. 不变　　B. 越少　　C. 越多　　D. 为零

15. 假定基础货币增加 5%，货币乘数下降 5%，那么货币供给量会（　　）。

A. 增加 5%　　B. 下降 5%　　C. 下降 0.25%　　D. 不变

16.（　　）会导致银行准备金的减少。

A. 法定准备金率上升　　B. 超额准备金率上升

C. 基础货币增加　　D. 公众持有的现金与存款的比率上升

17. 当商业银行（　　），就可以创造货币。

A. 向中央银行出售证券　　B. 吸收存款之后持有超额准备金

C. 向中央银行借入准备金　　D. 吸收存款，并发放贷款

18. 如果中央银行向商业银行发放 1 亿元贴现贷款，那么（　　）。

A. 基础货币增加 1 亿元　　B. 基础货币减少 1 亿元

C. 流通中的现金增加 1 亿元　　D. 流通中的现金减少 1 亿元

19. 超额准备金率降低会使得货币乘数（　　），货币供给（　　）。

A. 上升，减少　　B. 上升，增加

C. 下降，减少　　D. 下降，增加

20. 货币供给的主要参与者是（　　）。

A. 中央银行、商业银行和非银行金融机构

B. 中央银行、商业银行和银保监会

C. 中央银行、商业银行和储户

D. 以上都不是

（二）多项选择题

1. 各国中央银行在确定货币供给统计口径时，一般遵循（　　）原则。

A. 流动性的强弱

B. 与经济的相关性

C. 货币供给口径根据现实情况随之变化

D. 金融工具的收益性的强弱

E. 金融工具的安全性的高低

2. 银行不能创造存款货币的条件是（　　）。

A. 部分准备金　　B. 全额准备金

C. 现金放款　　D. 法定准备金率

E. 现金漏损率

3. 我国 M1 由（　　）构成。

A. M0　　B. 个人持有的信用卡类存款

C. 城乡居民储蓄存款　　D. 企业单位活期存款

E. 机关、团体、部队存款

4. 选择某一货币层次作为中央银行的控制重点，其标准是（　　）。

A. 这一层次所含的基础货币量最多

B. 这一层次的货币量最易于中央银行控制

C. 这一层次的货币量与经济活动的关系最密切

D. 这一层次的货币量最稳定

E. 这一层次的货币量盈利最多

5. 我国 M2 由（　　）构成。

A. M1　　B. 企业单位定期存款

C. 基建存款　　D. 储蓄存款

E. 其他存款

6. 货币供给量是由（　　）决定的。

A. 基础货币和货币乘数两大因素

B. 银行体系所供给的存款量与现金发行量

C. 银行体系所供给的存款量

D. 银行体系所供给的现金发行量

E. 中央银行所供给的基础货币量

7. 商业银行创造存款货币要受（　　）因素限制。

A. 法定准备金率　　B. 超额准备金率

C. 现金漏损率　　D. 定期存款准备金率

E. 货币流通速度

8. 基础货币包括（　　）。

A. 通货　　B. 存款货币

C. 存款准备金　　D. 原始存款

E. 派生存款

9. 实际的货币供给量与合理的货币供给量之间的关系是（　　）。

A. 相等　　B. 不相等

C. 前者>后者　　D. 前者<后者

E. 共同构成货币供给量

10. 货币供给量的大小最终由（　　）共同决定。

A. 财政部门　　B. 中央银行

C. 商业银行　　D. 经营单位

E. 个人及家庭

（三）名词解释

1. 货币供给

2. 货币供给量

3. 部分准备金制度

4. 原始存款

5. 派生存款

6. 存款准备金

7. 现金漏损

8. 基础货币

9. 存款乘数

10. 货币乘数

（四）判断与分析题

1. 只要商业银行具备了部分准备金制度，商业银行就可以创造派生存款。（ ）
2. 中央银行只要控制住基础货币就可以控制住货币供给量。（ ）
3. 货币乘数是由中央银行决定的。（ ）
4. 流通中的现金在流通过程中也有货币扩张的功能。（ ）
5. 银行创造派生存款的过程就是创造实际价值量的过程。（ ）

6. 派生存款是虚假存款。 (　　)

7. 资产变现能力强，流动性就一定高。 (　　)

（五）计算题

1. 假定基础货币为 1 000 元，支票存款的法定准备金率为 10%，现金漏损率为 2%，银行体系的支票存款为 4 000 元，试求银行支票存款的实际准备金率与超额准备金。

2. 假定商业银行系统有 150 亿元的存款准备金，$r_d=10\%$，如果 r_d 上升至 15%或下降至 5%时，最终货币供给量有何变化？

3. 如果你在 A 银行存入 1 000 元现金，假设法定存款准备金率为 5%，那么 A 银行的法定准备金、超额准备金有何变化？A 银行能够增加多少贷款？整个银行体系在简单存款创造条件下最终会新创造多少货币？

4. 假定某商业银行从中央银行获得了 10 000 元的贴现贷款，如果存款的法定准备金率为 10%，并且该商业银行持有 10%的超额准备金，流通中的现金漏损率为 20%。

（1）存款乘数为多少？

（2）银行体系最终将创造出多少存款货币？

（3）货币乘数为多少？

5. 如果某储户从账户中提取 10 000 元的现金，请问银行体系的准备金、存款和基础货币变化多少（法定存款准备金率为 10%）？

6. 法定准备金率为 10%，现金为 2 800 亿元，存款为 8 000 亿元，超额准备金为 400 亿元。

（1）计算：

①现金比率（现金漏损率）；

②超额准备金率；

③货币乘数；

④法定准备金；

⑤准备金；

⑥基础货币。

（2）假定中央银行将存款的法定准备金率调低为8%，基础货币不变，存款比率不变，计算货币乘数、货币供给。

7. 假定流通中的现金为6 000亿元，存款余额为9 000亿元，超额准备金为150亿元，试计算：

（1）货币供给、现金比率、超额准备金率和货币乘数。

（2）假设中央银行要增强社会流动性以应对经济形势的不景气，从而进行公开市场操作，从银行购买14 000亿元的债券，假设（1）各比率不变，那么货币供给会如何变化？

8. 假设法定存款准备金率为7%，现金余额为2 000亿元，超额准备金率为3%，现金漏损率为20%，请计算：

（1）准备金总额。

（2）货币供应量。

（3）若中央银行将法定存款准备金率提高1%，则准备金的构成如何变动？

9. 商业银行新吸收一笔100 000元的活期存款，已知100 000元存款的准备金总额为10 000元，其中法定准备金为7 000元，超额准备金为3 000元。假设某天存款人取出10 000元现金用于消费，请计算：

（1）货币乘数。

（2）最多能派生多少存款。

（3）如果实际货币乘数为4，仅考虑现金漏损和超额准备金的情况下，计算现金漏损率。

（六）简答题

1. 简述货币供给统计口径的划分原则及我国的货币供给统计口径。

2. 商业银行创造存款货币的前提条件是什么？为什么必须具备这些前提条件？

3. 影响货币乘数的因素有哪些？

4. 试比较分析基础货币与原始存款。

5. 试比较分析原始存款和派生存款。

6. 试比较分析货币乘数和存款乘数。

7. 商业银行存款货币创造的制约因素有哪些？

8. 中央银行哪些资产业务要影响基础货币的变化？

（七）论述题

1. 划分货币层次的标准和意义是什么？金融创新对其有何影响？

2. 试分析在货币供给中，商业银行、中央银行的作用？

四、参考答案

（一）单项选择题

1. A	2. C	3. B	4. D	5. B	6. B	7. C	8. C	9. C	10. A
11. A	12. B	13. C	14. B	15. C	16. D	17. D	18. A	19. B	20. C

（二）多项选择题

1. ABC	2. BC	3. ABDE	4. BC	5. ABCDE
6. AB	7. ABCD	8. AC	9. ABCD	10. ABCDE

（三）名词解释

1. 货币供给是指一定时期内一国银行系统通过自己的业务活动向再生产领域提供货币的全过程，研究的是货币供给的原理和机制。

2. 货币供给量是指银行系统在货币乘数增减作用下所供应的货币量。货币供给量用于研究银行系统向流通中供应了多少货币、货币流通与商品流通是否相适应。货币供给量等于基础货币与货币乘数之积，即 $M_s = m \times M_b$ 。按照流动性的强弱可以将货币供给量分为不同的层次，即 M0 为流通中的现金，M1 为狭义货币量，M2 为广义货币量。

3. 部分准备金制度是指银行对于吸收的存款不保留 100%的现金准备，而只保留其中一定百分比以应付客户提现，其余部分则通过贷款等资产业务运用出去的准备制度。部分准备金制度是相对于全额准备金制度而言的。在全额准备金制度下，银行必须保持 100%

的现金准备，这就排斥了商业银行利用所吸收的存款去发放贷款的可能性。只有在部分准备金制度下，商业银行才有创造存款货币的能力。因此，部分准备金制度是商业银行创造或削弱存款货币的首要条件。

4. 原始存款是指商业银行吸收的能增加其准备金的存款，包括商业银行吸收的现金和在中央银行的存款，它是基础货币的一部分。

5. 派生存款是相对于原始存款而言的，是指商业银行以原始存款为基础，用转账结算方式发放贷款或开展其他资产业务时所转化而来的存款，是商业银行创造的存款货币。

6. 存款准备金以两种具体形式存在：一是商业银行持有的应付日常所需的库存现金，二是商业银行在中央银行的存款。两者都是商业银行持有中央银行的负债，也是中央银行对社会公众总负债中的一部分。商业银行持有的这部分中央银行负债，对商业银行来说是其拥有的一笔资产。这笔商业银行以准备金形式所持有的资产可以分为两部分：一部分是商业银行遵照法律规定不能用于放款获利的数额，称为法定准备金；另一部分是由于经营管理上的原因尚未使用的部分，称为超额准备金。

7. 当客户从银行提取或多或少的现金，从而使得一部分现金流出银行系统，就会出现所谓的现金漏损。

8. 基础货币又称高能货币、强力货币，是指流通中的现金和银行存款准备金的总和。基础货币是银行体系存款扩张、货币创造的基础，对货币供给量具有决定性作用。影响基础货币变动的因素包括中央银行对商业银行的债权规模，中央银行对财政的债权规模，外汇、黄金占款规模。基础货币具有以下四个属性：第一，可控性，即中央银行对基础货币具有一定的控制力；第二，负债性，即基础货币是中央银行的负债；第三，扩张性，即基础货币能被商业银行吸收作为其创造存款货币的基础，具有多倍扩张的功能；第四，初始来源唯一性，即基础货币的增量只能来源于中央银行，既不能来源于商业银行，也不能来源于社会公众。

9. 存款乘数是指商业银行存款货币创造机制所决定的存款总额，其最大扩张倍数称为派生倍数或存款乘数。一般来说，存款乘数是法定准备金率的倒数。存款扩张的这一原理，也被称为存款乘数原理。若以 K 表示存款总额变动对原始存款的倍数，则可得 $K = D/\Delta R = 1/r$。通过对派生存款倍数的修正，商业银行存款货币创造的制约因素有存款准备金、法定存款准备金率、超额存款准备金率、现金漏损率、定期存款准备金率。其具体影响表述为：$K = D/\Delta R = 1/(r_d + c + e + r_t \cdot t)$。

10. 货币乘数，即基础货币扩张或收缩的倍数，是货币供给量与基础货币之比。货币乘数是银行体系存款扩张、货币创造的基础，对货币供给量具有决定性作用。影响基础货币变动的因素包括中央银行对商业银行的债权规模，中央银行对财政的债权规模，外汇、黄金占款规模。中央银行对基础货币有一定的控制力。决定货币乘数的因素一般包括法定准备金率、超额准备金率、现金漏损率、定期存款准备金率。对于决定货币乘数的具体因素，中央银行不能直接控制，但可以通过对其施加影响来控制货币供给量。

（四）判断与分析题

1. 错误。一般而言，商业银行存款货币创造必须同时具备部分准备金制度和转账结算这两个条件。如果仅具备部分准备金制度，而实行现金结算，这时存款不会被多倍创造。因为部分准备金制度只为吸收存款后能够运用部分存款提供了可能。如果仅具备转账结算，而实行全额准备金制度，也不能创造存款货币。因为这时存款在商业银行体系的转移必然是等额现金在银行体系内的转移，存款总量不会超过银行吸收到的现金量。

2. 错误。货币供给量既是外生变量，又是内生变量。从货币供给原理来说，货币供给量等于基础货币与货币乘数之积，即 $M_s = m \cdot M_b$ 。虽然说中央银行对基础货币有一定的控制力，但对决定货币供给量的另一个因素货币乘数，中央银行不能直接控制。从货币供给量的形成过程来讲，货币乘数是由中央银行、商业银行和社会公众的行为共同决定的。其行为在不同的经济条件下又受各种特别的因素制约。因此，货币供给量并不能由中央银行绝对加以控制。

3. 错误。货币乘数主要决定于法定存款准备金率、定期存款准备金率、超额存款准备金率、现金漏损率等因素。与基础货币不同的是，货币乘数并非直接决定于货币当局或中央银行的行为，在一定程度上主要决定于中央银行、商业银行和社会公众的行为。

4. 错误。虽然现金在创造存款货币的过程中起着不可或缺的作用，但是在整个货币供给的过程中，现金的数量并没有发生变化，中央银行发行多少，流通中就只能是多少。

5. 错误。创造存款货币的过程是创造价值符号的过程，并不是创造价值总量。银行属于流通部门，不能创造价值，只有生产部门才能创造价值，因此创造派生存款的过程并不会使社会的实际财富和实际价值总量有任何增加。

6. 错误。若将以存款有无实际的物质作为基础划分为真实存款和虚假存款，这种划分是不科学的。货币量过多并不能将货币划分为真实货币和虚假货币，而只能使货币单位币值下降，因此派生存款不是虚假存款，创造派生存款与虚假存款无关。

7. 错误。流动性是指金融资产在不受损失的情况下，转化为现金的难易程度。因此，任何资产都能转化为现金，但不能说资产变现能力强，流动性就一定高，还要看其转化为现金的难易程度，即所费成本的大小、速度的快慢。

（五）计算题

1. 23%，520 元。

2. 货币供给量减少 500 亿元；货币供给量增加 1 500 亿元。

3. 法定准备金为 50 元，超额准备金为 950 元；A 银行能够增加贷款为 950 元；新创造货币为 19 000元。

4. （1）存款乘数为 2.5。

（2）25 000 元。

（3）货币乘数为 3。

5. 准备金减少 10 000 元，存款减少 100 000 元，基础货币不变。

6.（1）①现金比率为 0.35；
②超额准备金率为 0.05；
③货币乘数为 2.7；
④法定准备金为 800 亿元；
⑤准备金为 1 200 亿元；
⑥基础货币为 4 000 亿元。
（2）货币乘数为 2.8；货币供给为 11 250 亿元。
7.（1）15 000 亿元，0.67，0.017，2.13。
（2）货币供给增加 44 836.5 亿元。
8.（1）1 000 亿元。
（2）12 000 亿元。
（3）法定准备金变为 800 亿元，超额准备金变为 200 亿元，准备金总额不变。
9.（1）10。
（2）90 万元。
（3）15%。

（六）简答题

1. 各国中央银行在确定货币供给口径时，一般遵循以下三个原则：

（1）流动性的强弱。流动性是指转化为现金的难易程度，也就是变为现实流通手段和支付手段的能力。

（2）与经济的相关性。货币供给口径划分的目的在于借此观察和预测有关经济情况的变化。因此，确定货币供给口径应力求能与有关经济变化具有较高的相关性。

（3）不同时期的具体情况。在现实情况下，各种货币供给口径不是一成不变的，随着经济的发展，金融创新不断出现，货币供给口径也会随之变化。

我国货币供给划分为以下三个层次：

M0＝流通中的现金

M1＝M0+企业单位活期存款+农村存款+机关、团体、部队存款+个人持有的信用卡类存款

M2＝M1+城乡居民储蓄存款+企业存款中具有定期存款性质的存款（单位定期存款和自筹基建存款）+外币存款+信托类存款+证券公司客户保证金存款

M1 被称为狭义货币量，是现实购买力；M2 被称为广义货币量；M2 与 M1 之差被称为准货币，是潜在购买力。

2. 商业银行是通过吸收存款来发放贷款的，在存贷过程中会产生一个存款货币创造的过程。但这种创造是有条件的，并受若干因素的制约。一般而言，只有具备了部分准备金制度和非现金结算这两个基本条件，银行才创造派生存款。

部分准备金制度是相对于全额准备金制度而言的。在全额准备金制度下，银行必须为增加的存款保持 100%的现金准备，每增加 1 元存款就相应增加 1 元现金。银行不能把这笔资金贷放出去，也就没有多倍的存款创造。但在部分准备金制度下，银行吸收到存款，

并不需要为此保留等额的现金，而只是按存款的一定比例保留准备金，包括库存现金和在中央银行存款，其余部分可以发放贷款或投资，并由此形成多倍的存款创造。

转账结算是相对于现金结算而言的。转账结算是在银行活期存款的基础上，通过签发支票使活期存款转移，完成货币的收付。这种结算方式下的货币运动，并不表现为现金形式，而只是将活期存款从一个存款账户转到另一个存款账户上，而用于支付的现金仍停留在银行，存款转移意味着现金不流出银行，资金来源不减少，是银行以增记客户存款方式发放贷款的基础。如果转账结算的双方不在同一银行开户，那么转出方银行的存款减少，必是转入方银行存款的等额增加。

一般而言，商业银行存款货币创造必须同时具备部分准备金制度和转账结算这两个条件。如果仅具备部分准备金制度，而实行现金结算，这时存款不会有多倍创造。部分准备金制度为吸收存款后能够运用部分存款提供了可能。如果仅具备转账结算，而实行全额准备金制度，也不能创造存款货币。因为这时存款在商业银行体系的转移必然是等额现金在银行体系内的转移，存款总量不会超过银行吸收到的现金量。

3. 一般来说，影响货币乘数的因素相当复杂，但在短期内则比较稳定。它受制于以下因素：

（1）商业银行。商业银行主要是通过超额准备金率 e 来影响货币乘数，进而对货币供给施加影响的。商业银行靠发放贷款去吸引存款是有前提条件的，该商业银行必须有超额准备金。对于商业银行来说，是否保留超额准备金、保留多少完全取决于保留超额准备金的机会成本、借入资金的成本以及融通资金的方便程度等。

（2）中央银行。中央银行对货币供给的影响主要有两条渠道：通过吞吐基础货币，影响商业银行的存款准备金（严格来说是超额准备金），进而调整、控制商业银行创造存款货币的能力；通过对法定存款准备金率的规定及调整，影响货币乘数，进而对货币供给施加影响。

（3）社会公众。社会公众包括个人、企业等，其通过 c 、t 来影响货币乘数，进而间接影响货币供给。社会公众持有多少现金、多少支票存款、多少定期存款、多少其他资产，直接受制于其资产选择行为以及人们的消费、投资、储蓄的欲望和倾向。

4. 基础货币是指起创造存款货币作用的商业银行在中央银行的存款准备金与流通于银行体系之外的通货这两者的总和。原始存款是指商业银行吸收的能增加其准备金的存款，包括商业银行吸收的现金和在中央银行的存款，它是基础货币的一部分，因此基础货币量大于原始存款量。

5. 原始存款是指商业银行吸收的能增加其准备金的存款，包括商业银行吸收的现金和在中央银行的存款，它是基础货币的一部分。派生存款相对于原始存款而言，是指商业银行以原始存款为基础用转账结算方式发放贷款或进行其他资产业务时所转化而来的存款，是商业银行创造的存款货币。将存款划分为原始存款和派生存款只是从理论上说明两种存款在银行经营中的地位和作用不同。事实上，在银行的存款总额中我们无法区分谁是原始存款、谁是派生存款。派生存款并不是虚假存款，银行创造派生存款的过程也不是创造实际价值量的过程，而是创造价值符号的过程。两者的区别如下：第一，原始存款是派生存款的基础，没有原始存款，就没有派生存款；第二，来源不同，原始存款的来源是银行吸收的现金存款或中央银行对商业银行贷款所形成的存款，派生存款是随着商业银行存款、贷款业务循环往复不断地开展而在商业银行体系内形成的。

6.（1）银行存款货币创造机制所决定的存款总额，其最大扩张倍数称为派生倍数或存款乘数。一般来说，它是法定准备金率的倒数。存款扩张的这一原理，也称为存款乘数原理。若以 K 表示存款总额变动对原始存款的倍数，则可得：$K = D/\Delta R = 1/r$ 。

（2）作为货币供给之源的基础货币，可以引出数倍于自身的货币供给量。货币乘数，即基础货币扩张或收缩的倍数，是货币供给量与基础货币之比。它表明每 1 元基础货币变动所能引起的货币供给量的变动。M 表示货币乘数，M_s 表示货币供给，M_b 表示基础货币，其计算公式是：

$$M = (C + D)/(C + R) = M_s/M_b$$

货币供给量之所以数倍于基础货币，是因为商业银行信用扩张或派生存款的影响。

7. 商业银行存款货币创造的制约因素有存款准备金、法定存款准备金率、超额存款准备金率、现金漏损率、定期存款准备金率。其具体影响表述为：

$$k = D/\Delta R = 1/(r_d + c + e + r \cdot t)$$

8. 中央银行使基础货币数量发生变化的资产业务有中央银行对商业银行的债权规模与基础货币量，中央银行对财政的债权规模与基础货币量，外汇、黄金占款规模与基础货币量。

（七）论述题

1. 各国中央银行在确定货币供给统计口径时，一般应遵循以下三个原则：

（1）流动性的强弱。流动性是指转化为现金的难易程度，也就是变为现实流通手段和支付手段的能力。

（2）与经济的相关性。货币供给口径划分的目的在于借此观察和预测有关经济情况的变化。因此，确定货币供给口径应力求能与有关经济变化具有较高的相关性。

（3）不同时期的具体情况。在现实情况下，各种货币统计口径不是一成不变的，随着经济的发展，金融创新不断出现，货币供给口径也会随之变化。

货币供给量的层次划分目的是考察各种具有不同流动性的资产对经济的影响，并选定一组与经济的变动关系最密切的货币资产作为中央银行控制的重点，便于中央银行进行宏观经济运行监测和货币政策操作。例如，M0 的变化主要反映并影响我国消费市场的供求和价格，与居民的生活联系密切；M1 反映的是居民和企业资金松紧变化，是经济周期波动的先行指标；M2 反映的是社会总需求变化和未来通货膨胀的压力状况。M1 对经济的影响比 M2 更直接、更迅速，因为 M1 是现实的购买力，它的变化将直接引起市场供求和价格的变化，而 M2 由于没有直接的支付和转账功能，只有转化为 M1 后，才会产生这种影响。因此，对货币供给量进行层次划分对保持货币政策时效性和宏观经济的稳定都具有十分重要的意义。

随着金融创新的发展，具有良好流动性的新型金融工具不断涌现，突破了传统的货币概念，货币层次的内涵和外延都发生了很大的改变，使按流动性来划分货币层次的方法越来越复杂，如自动转账系统（ATS）、可转让支付命令（NOW）、定期存单（CDs）。各国对货币层次的划分不断进行修改。尽管频繁修改，但金融创新带来的难题并未完全解决，如电子货币、多功能信用卡等对应的货币层次。因此，可以预见，随着信用制度的不断发展和现代科学技术在银行的广泛应用，金融创新会创造一系列新的交换手段，也会创造许多新的货币资产，货币的范围还将进一步扩大，对货币层次的划分必将继续深化并不断调整。

2. 现代经济中的货币都是不兑现信用货币，而信用货币都是由银行体系——商业银行、中央银行共同提供和创造的。尽管同是银行，作为专门从事货币经营业务的商业银行与专门从事金融管理活动的中央银行，在货币创造中扮演不同的角色。

（1）商业银行在货币供给中的作用。商业银行创造信用货币是在它的资产负债业务中，通过创造派生存款实现的。作为一种经营货币的企业，商业银行必须不断吸收存款并发放贷款。吸收存款可以将流通中的现金纳入银行，转化为存款；发放贷款，则使该存款按照一定的量再次形成存款。如果该过程周而复始，不断进行，在多家银行并存的经济体系中，就会形成几倍于原始存款的存款货币，货币供应数量增加。同样，商业银行的信用活动也会造成信用货币的减少。

（2）中央银行在货币供给中的作用。中央银行作为货币供给的主体，主要通过调整、控制商业银行创造存款货币的能力及行为实现其在货币供给过程中的作用。第一，商业银行创造派生存款的能力大小主要取决于它可以获得的“原始存款”的多少。商业银行的原始存款一般来说有两个来源：其一为吸收客户的现金存款，其二为商业银行可以从中央银行取得的贷款。假定整个的社会的现金均已存入银行系统，而商业银行均已最大限度地将其运用出去，那么决定商业银行增加贷款从而增加存款创造的决定性因素便是中央银行提供给商业银行的贷款。第二，中央银行向商业银行提供货币资金的方式主要有再贴现、再贷款、调整法定存款准备金率以及在公开市场上买卖有价证券。无论采用哪种方式，均会导致商业银行超额准备金发生变化，从而影响商业银行的存款货币创造。第三，中央银行还掌握着现金发行的控制权力，而现金与商业银行在中央银行的准备金存款，构成基础货币。由于基础货币的变化可以迅速导致货币供应量的变化，进而影响经济调节的最终目标，因此调控基础货币成为中央银行调节货币供应量的一个重要举措。

第十一章　货币需求

一、教学大纲

（一）教学目的与要求

本章主要讨论货币需求及各学派的货币需求理论。学习完本章，学生应掌握什么是货币需求、传统的货币数量论是如何研究货币需求的及得出的结论、凯恩斯学派的货币需求理论及其发展、货币学派的货币需求理论。

（二）教学内容梗概

1. 货币需求概述

（1）货币需求。货币需求是一种由货币需求愿望和货币需求能力相互决定的特殊需求，即人们希望得到或持有货币的愿望，同时人们有得到或持有货币的能力。

（2）货币需求量。货币需求量是指在一定的时间内，在一定的经济条件下，整个社会需要用于执行交易媒介、支付手段和价值贮藏的货币数量。

（3）货币需求函数。货币需求函数是为了分析货币需求量的决定及其变动规律而建立起来的一种函数。它是将决定和影响货币需求的各种因素作为自变量，将货币需求量本身作为因变量而建立起来的数量变化关系。建立货币需求函数主要满足以下三个用途：第一，用于分析各种因素对货币需求的不同影响，包括影响的方向和影响的程度；第二，用于验证货币需求理论分析的结果；第三，预测一定时期内全社会货币需求量及其变化的方向，作为制定货币政策、调节货币供给的依据。

2. 传统货币数量论的货币需求理论

（1）现金交易学说——费雪的交易方程式。美国经济学家费雪于 1911 年出版了《货币的购买力》一书，创立了现金交易学说，并提出了著名的交易方程式：

$$MV = PT$$

式中，M 为货币数量，V 为货币的流通速度，P 为加权平均的一般物价水平，T 为交易总量，即实际财富与劳务的交易总额。

等式右边为交易量与平均物价的乘积，表示交易总值；左边为货币量与流通速度的乘积，表示货币总值。费雪假定 V、T 为常数，而 P 的变化由其他因素决定，但是 P 对其他因素没有影响。通过这样的假定，费雪得出结论：货币数量 M 的变动将导致物价 P 同比例、同方向变动。

在等式两端同除以 V，则为：

$$M = \frac{PT}{V}$$

当货币均衡时，人们持有货币数量 M 就等于货币需求量 M_d，因此我们可以用 M_d 代替等式中的 M，用 K 代表等式中的 $1/V$，将等式改写为：

$$M_d = K \times PT$$

式中，K 为常量，有固定水平的名义收入导致的交易水平决定了人们的货币需求量 M_d。因此，费雪的货币数量理论表明：货币需求仅为收入的函数，利率对货币需求没有影响。因为该等式强调货币的交易职能，因此也被称为现金交易学说。

（2）现金余额学说——剑桥方程式。剑桥学派的经济学家认为，现金交易学说没有说明使货币流通速度发生变化的原因，而要发现这些因素，研究者就必须考察公众愿意以货币形态来保持其财产和收入的数额，而这又要分析人们持有货币余额的动机，即分析决定货币需求的因素。

马歇尔认为，在一般情况下，人们都把财产和收入的一部分以货币的形式持有，而另一部分则以非货币的形式持有，人们所愿意持有货币的数额实际上是人们在持有货币获得利益、进行投资获得收益以及用于消费获得享受三者之间权衡的结果。这种保留在手边的现金余额就是货币需求。

庇古在马歇尔的理论的基础上，提出了其著名的剑桥方程式：

$$M = KY \text{ 或 } M = KPy$$

式中，M 为货币需求量，即现金余额；K 为人们愿意以通货形式持有的财富占总财富的比例；Y 为名义国民收入；P 为物价缩减指数；y 为实际国民收入，$Y = Py$。

（3）现金交易学说和现金余额学说的区别。两种学说本质上的区别为对货币需求分析的侧重点不同，现金交易学说重视货币的交易媒介功能，现金余额学说重视的是货币的资产功能和贮藏功能；现金交易学说的研究对象为一段时间内的货币流量，现金余额学说强调的是在某一特定的时点上，人们持有的货币存量；现金交易学说重视影响交易的货币流通速度、金融体制等客观因素，忽略了经济主体在金融市场上的主观意志，现金余额学说强调人们主观的资产选择行为、人的意志、预期、心理因素的作用。

3. 凯恩斯与弗里德曼的货币需求理论

（1）凯恩斯的货币需求理论。凯恩斯的货币需求理论又被称为流动性偏好理论。其理论的要点如下：

①人们之所以需要持有货币，是因为人们对流动性的偏好。

②人们对货币的需求是基于三种动机，即交易性动机、预防性动机和投机性动机。交易性货币需求和预防性货币需求可以合称为交易性货币需求。

③交易性货币需求是收入的增函数。

④投机性货币需求是利率的减函数。

⑤凯恩斯的货币需求函数公式为：

$$\frac{M_d}{P}=f(i,\ Y)$$

式中，$\frac{M_d}{P}$为实际货币需求余额，i 为利率，Y 为实际收入。

凯恩斯认为，利率是由货币的供应和需求所共同决定的，其中货币的供应取决于中央银行，货币的需求则取决于人们的流动性偏好。在流动性偏好一定的情况下，中央银行增加货币供应量，则人们会感觉手中持有的货币量过多了，因此会增加债券的购买，从而引起债券价格的上升，市场利率的下降。当市场利率低于资本边际收益率的时候，投资将会增加，并通过投资乘数的作用增加有效需求，使就业与国民收入成倍增长。

但是，凯恩斯也指出，通过变动货币供应而控制利率的做法在产业周期的特殊阶段是无效的。比如遇到“流动性陷阱”和“古典区域”。“流动性陷阱”是指当利率降至某种水准时，流动性偏好可能变成几乎是绝对的。这就是说，当利率降至该水准时，因利息收入太低，几乎每个人都宁愿持有现金，而不愿持有债券票据，此时金融当局对利率无力再施加控制。“古典区域”是指流动性偏好函数变成了一条直线，此时利率水平很高，人们普遍预期利率即将下跌，债券价格将会上涨，因而持有债券能获得资本利得，人们便会对货币没有投机需求，因此金融当局要想通过调节利率来影响货币需求也是非常困难的。

对上式变形可以得到：

$$\frac{P}{M_d}=\frac{1}{f(i,\ Y)}$$

在等式两边都乘以 Y，用 M 代替 M_d，可以得到：

$$V=\frac{PY}{M}=\frac{Y}{f(i,\ Y)}$$

可以看出，货币需求与利率呈负相关，并且当 i 上升时，$f(i,\ Y)$ 下降，从而使得货币流通速度加快，因此货币流通速度并非常量。

（2）凯恩斯的货币需求理论的发展。凯恩斯学派的经济学家对凯恩斯的流动性偏好理论的发展是围绕着三大动机的货币需求理论展开的。其中最有代表性的为鲍莫尔、惠伦和托宾。鲍莫尔的存货模型是对凯恩斯交易性动机货币需求理论的发展，提出交易性动机的货币需求不仅是收入的增函数，而且是利率的减函数；惠伦的最适度预防性货币需求模型是对凯恩斯预防性动机货币需求理论的发展，提出预防性货币需求是利率的减函数；托宾的资产选择理论是对凯恩斯投机性动机货币需求理论的发展，在维持投机性动机的货币需求与利率呈反向关系的基本结论的前提下，分析了人们在同一时间持有包括货币在内的各种不同收益率的金融资产这一客观情况。

根据鲍莫尔模型和惠伦模型，凯恩斯的货币需求函数应被修正为：

$$M = L_1(i,\ Y) + L_2(i)$$

式中，L_1（i，Y）表示交易性货币需求，L_2（i）表示预防性货币需求。该公式可以进一步简化为：

$$M/P = L(i,\ Y)$$

这一公式为凯恩斯学派的货币需求函数。这一公式表明，对实际货币余额的需求是由利率和收入两个因素共同决定的。

（3）弗里德曼的货币需求理论。弗里德曼认为，货币数量论并不是关于产量、货币收入或物价水平的理论，而是货币需求的理论，即货币需求是由何种因素决定的理论。因此，弗里德曼对货币数量论的重新表述就是从货币需求入手的。弗里德曼将货币看成资产的一种形式。弗里德曼认为，影响货币需求的因素有三类，分别是预算约束、货币及其他各种资产的预期收益率、财富持有者的偏好。

弗里德曼的实际货币需求函数为：

$$\frac{M}{P} = f\left(y,\ w;\ r_m,\ r_b,\ r_e;\ \frac{L\mathrm{d}p}{P\mathrm{d}t};\ u\right)$$

式中，$\frac{M}{P}$表示实际货币需求，w 是非人力财富占总财富的比率，r、r_b、r_b 分别是货币的预期名义收益率、债券的预期名义收益率、股票的预期名义收益率，$\frac{L\mathrm{d}p}{P\mathrm{d}t}$是预期物价变动率，$u$ 是货币持有者的主观偏好。

弗里德曼认为，r_m、r_b、r_e 均受市场利率的影响，可以视为利率 i 的函数，并且在短期内，w、u、$\frac{L\mathrm{d}p}{P\mathrm{d}t}$可以被认为是稳定的。

因此，货币需求函数就可以简化为：

$$\frac{M}{P} = f(y,\ i)$$

（4）弗里德曼的货币需求理论与古典货币数量学说的区别。如果将古典货币数量学说中的 K 或 V 看成由 w、r_m、r_b、r_e、$\frac{L\mathrm{d}p}{P\mathrm{d}t}$、$u$ 等因素共同作用的结果，那么弗里德曼的货币需求函数与古典货币数量学说的货币需求函数在形式上十分相似。但是，这两者之间存在以下理论上的差别：

古典货币数量学说的货币需求函数中的收入为即期收入，而弗里德曼提出的货币需求函数中的收入是恒久收入，并赋予货币需求函数以稳定性。

古典货币数量学说认为，K 或 V 是一个固定常数，并认为货币供给量的变动必然引起物价的同比例变动。弗里德曼将流通速度视为稳定的函数，货币供给量的变动将直接导致国民收入水平的变动；货币供给量的变动在短期内可以表现在产量上，而在长期则表现在物价水平上。

（5）凯恩斯学派和货币学派的货币需求理论的比较。

①货币需求量的决定。凯恩斯学派认为，在短期内，货币收入是相当稳定的，因此决定货币需求量的主要因素是利率的变化，即人们对货币的需求随利率的升降呈反向变化，并且利率是经常变动的，因此对货币的需求量不稳定。货币学派认为，决定货币需求量的主要因素是恒久收入，利率对货币需求量的影响很小，而恒久收入是稳定的，因此决定了货币需求的稳定性。

②货币供给量变化对经济的影响。凯恩斯学派认为，货币供给量的变化是通过利率的作用影响投资的，相对于其他众多变量，货币供给量对国民收入的影响只能是间接的、次要的。货币学派认为，在长期，货币的供给量的变化不影响国民收入而只影响价格。但在短期内，货币的供给量的变化则既会引起价格的变化，也会引起国民收入的变化。

③对货币政策的选择。凯恩斯学派比较重视财政政策，而相对轻视货币政策。货币学派从货币的至关重要中引申出货币政策的重要性。凯恩斯学派主张“逆经济风向”行事的货币政策，而货币学派则强调规则的货币政策。

二、重点难点分析

本章的主要内容是货币需求及各学派的货币需求理论。本章的重点难点如下：

（1）货币需求量的定义是本章的重点。货币需求量是在一定的时间内，在一定的经济条件下，整个社会需要用于执行交易媒介、支付手段和价值贮藏的货币数量。货币需求研究货币数量如何决定、受到哪些经济因素的影响以及在此基础上的货币政策抉择。

（2）传统的货币数量论的货币需求理论是本章的重点。传统的货币数量论研究货币数量与商品价格之间的关系，并认为在充分就业条件下，货币需求决定于收入而与其他经济变量无关。其代表性的理论有现金交易学说和现金余额学说，对于两者的区别、不足以及贡献，学生也要掌握。

（3）凯恩斯的货币需求理论是其总需求管理理论的重要组成部分，是本章的重点难点。在货币需求动机中引入投机性动机使凯恩斯的货币需求与利率紧密地联系在一起。在随后的发展中，托宾、惠伦、鲍莫尔等人创造性地发展了这一理论，经过众人的发展，可以得到凯恩斯学派的货币需求函数。该函数最终表明，对实际货币余额的需求是由利率和收入两个因素共同决定的。

（4）弗里德曼的货币需求理论是本章的重点难点。该理论在更为广泛的资产领域中研究货币需求的决定，通过实证分析发现货币需求的利率弹性是相当低的，并得出货币需求极其稳定的结论。这一结论成为货币学派的基础，也成为货币学派与凯恩斯学派分歧的源头。

（5）本章介绍的几种货币需求理论各有特点，对于各理论之间的比较是本章的重点难点。学生需要掌握弗里德曼的货币需求理论与古典货币数量学说的区别、凯恩斯学派和货币学派需求理论的比较。

三、习题练习

（一）单项选择题

1. 下列关于货币需求的选项中，错误的是（　　）。

A. 货币需求是一种由货币需求欲望和货币需求能力相互决定的特殊需求

B. 货币需求要求人们有持有货币的欲望，并要求人们有持有货币的能力

C. 所谓货币需求，就是人们把货币作为一种资产而持有的行为

D. 货币需求是在一定时期，人们持有的货币、商品等实物资产和有价证券等其他金融资产的总和

2. 根据货币数量论，将货币供应量削减 1/3，会导致（　　）。

A. 货币流通速度提高 1/3　　B. 交易总量削减 1/3

C. 物价水平下跌 1/3　　D. 物价水平提高 1/3

3. 费雪在交易方程式中假定（　　）。

A. M 和 V 短期内稳定　　B. T 和 P 短期内稳定

C. P 和 V 短期内稳定　　D. T 和 V 短期内稳定

4. 费雪交易方程式中关于货币数量和物价水平关系的结论是（　　）。

A. 货币数量是果，物价水平是因

B. 货币数量是因，物价水平是果

C. 货币数量和物价水平互为因果

D. 货币数量和物价水平没有因果关系

5. 剑桥方程式中的 M 研究的是（　　）。

A. 执行价值尺度职能的货币　　B. 执行流通手段职能的货币

C. 执行价值储藏职能的货币　　D. 执行支付手段职能的货币

6. 凯恩斯认为，人们之所以需要货币是因为货币（　　）。

A. 是最好的价值储藏手段　　B. 具有最强的流动性

C. 可以满足人们的投资需求　　D. 是最好的金融资产

7. 凯恩斯的货币需求理论中，受利率影响的货币需求是（　　）。

A. 交易性货币需求　　B. 预防性货币需求

C. 投机性货币需求　　D. 谨慎性货币需求

8. 流动性陷阱是指（　　）。

A. 人们普遍预期利率将上升时，愿意持有货币而不愿持有债券

B. 人们普遍预期利率将上升时，愿意持有债券而不愿持有货币

C. 人们普遍预期利率将下降时，愿意持有货币而不愿持有债券

D. 人们普遍预期利率将下降时，愿意持有债券而不愿持有货币

9. 按照凯恩斯的观点，利率低于“正常”水平时，人们预期债券价格（　　），货币需求量（　　）。

A. 上升，增加　　B. 上升，减少

C. 下跌，增加　　D. 下跌，减少

10. 在鲍莫尔对交易性货币需求的发展中，认为人们之所以需要持有交易性货币是因为（　　）。

A. 机会成本的存在　　B. 交易成本的存在

C. 时间因素的影响　　D. 非流动性成本的存在

11. 弗里德曼的货币需求函数中的收入是指（　　）。

A. 当期收入　　B. 过去的收入

C. 未来的收入　　D. 恒久收入

12. 鲍莫尔的存货模型是对凯恩斯（　　）的货币需求理论的发展。

A. 交易性动机　　B. 预防性动机

C. 投机性动机　　D. 谨慎性动机

13. 惠伦的最适度预防性货币需求模型是对凯恩斯（　　）的货币需求理论的发展。

A. 交易性动机　　B. 预防性动机

C. 投机性动机　　D. 谨慎性动机

14. 托宾的资产选择理论是对凯恩斯（　　）的货币需求理论的发展。

A. 交易性动机　　B. 预防性动机

C. 投机性动机　　D. 谨慎性动机

15. 弗里德曼认为，当人力财富在总财富中所占比例较高时，人们的货币需求会相应（　　）。

A. 增加　　B. 减少　　C. 不变　　D. 不确定

16. 凯恩斯的投机性货币需求认为，人们要么持有货币，要么持有债券。托宾克服了这个缺陷，认为除了预期回报率外，（　　）对货币需求也很重要。

A. 资本利得　　B. 机会成本　　C. 利率　　D. 风险

17. 下列关于现金交易学说和现金余额学说的区别的选项中，不正确的是（　　）。

A. 对货币需求分析的侧重点不同

B. 现金交易学说的研究对象是货币流量，而现金余额学说的研究对象是货币存量

C. 两者所强调的决定货币需求的因素是一致的

D. 两者都认为货币量的变动是物价变动的原因

18. 根据凯恩斯学派的货币需求函数，对实际货币余额的需求是由（　　）两个因素共同决定的。

A. 利率和收入　　B. 资本利得和风险

C. 收入和货币持有者的偏好　　D. 非人力财富占比和利率

19. 下列关于弗里德曼的货币需求理论的选项中，正确的是（　　）。

A. 弗里德曼的货币理论主张“逆经济风向”行事的货币政策

B. 弗里德曼强调“只有货币最重要”

C. 弗里德曼认为，货币需求对利率也是比较敏感的

D. 弗里德曼认为，货币的流通速度是固定不变的，因此货币需求函数是一个稳定的函数

20. 下列有关凯恩斯学派和货币学派货币需求理论的比较的选项中，不正确的是（　　）。

A. 凯恩斯学派认为，利率对货币需求影响很大；而货币学派认为，利率对货币需求影响很小

B. 凯恩斯学派认为，货币供给量对国民收入的影响是间接的；而货币学派认为，货币供给量对国民收入的影响是直接的

C. 凯恩斯学派认为，货币供给量对国民收入的影响要通过利率途径；而货币学派认为，货币供给量本身就是影响国民收入的重要环节

D. 凯恩斯学派重视财政政策，轻视货币政策，而货币学派与之相反，但是两者在货币政策的主张上是一致的

（二）多项选择题

1. 弗里德曼认为，货币需求是稳定的，这是因为他从实证研究中得知（　　）。

A. 利率的变动是稳定的

B. 利率经常波动，但货币需求的利率弹性很低

C. 货币需求的收入弹性很高，但恒久收入本身稳定

D. 货币需求不受利率和收入的影响

E. 货币需求受人力财富和非人力财富的影响

2. 货币需求是指在一定时间内，在一定的经济条件下，整个社会需要用于执行（　　）的货币数量。

A. 价值尺度　　B. 流通手段

C. 支付手段　　D. 价值贮藏

E. 交易媒介

3. 马歇尔认为，在一般情况下，人们会将其财产和收入（　　）。

A. 以货币形式持有获得利益　　B. 进行投资获得收益

C. 用于消费获得享受　　D. 以实物形式持有

E. 以有价证券形式持有

4. 凯恩斯认为，人们持有货币的动机有（　　）。

A. 交易性动机　　B. 储藏性动机

C. 预防性动机　　D. 投资性动机

E. 投机性动机

5. 凯恩斯的货币需求理论认为（　　）。
A. 交易性货币需求是收入的增函数
B. 交易性货币需求是收入的减函数
C. 投机性货币需求是利率的减函数
D. 投机性货币需求是利率的增函数
E. 谨慎性货币需求是利率的增函数
6. 弗里德曼把影响货币需求量的因素划分为（　　）。
A. 各种金融资产
B. 恒久收入和财富结构
C. 各种资产预期收益率和机会成本
D. 财富持有者的偏好
E. 各种有价证券
7. 弗里德曼的货币需求函数中的机会成本变量有（　　）。
A. 恒久收入
B. 实物资产的预期名义收益率
C. 债券的预期名义收益率
D. 股票的预期名义收益率
E. 各种有价证券
8. 鲍莫尔的平方根公式表明（　　）。
A. 机会成本的存在是交易性货币需求存在的前提条件
B. 交易成本的存在是交易性货币需求存在的前提条件
C. 交易性货币需求与利率呈正方向变动
D. 交易性货币需求与利率呈反方向变动
E. 交易性货币需求并不与交易总额同比例增长
9. 惠伦认为，影响最适度预防性货币需求的主要因素是（　　）。
A. 流动性成本
B. 非流动性成本
C. 持有现金余额的机会成本
D. 持有现金余额的交易成本
E. 收入和支出的平均值和变化的情况
10. 弗里德曼认为，货币的名义收益率可以为（　　）。
A. 零
B. 正
C. 负
D. 大于 1
E. 小于 1

（三）名词解释

1. 货币需求量

2. 货币需求函数

3. 费雪的交易方程式

4. 剑桥方程式

5. 交易性动机

6. 预防性动机

7. 投机性动机

8. 流动性偏好

9. 流动性陷阱

10. 古典区域

11. 恒久收入

（四）判断与分析题

1. 货币需求是指人们持有货币的欲望，欲望越强，则货币需求越大。（　　）

2. 由于货币不是实际的生产要素，货币量过多或过少都不会对经济产生实质性影响。（　　）

3. 剑桥方程式与交易方程式一样，研究的都是交易性货币需求。（　　）

4. 凯恩斯认为，通过改变货币供应量来控制利率在任何时期都是可行的。（　　）

5. 弗里德曼认为，人力财富在总财富中所占比例较高时，人们的货币需求会下降。（　　）

6. 在凯恩斯和弗里德曼的货币需求函数中，收入变量是一样的。（　　）

7. 凯恩斯学派和货币学派的货币需求理论关于货币供给量对经济的影响的理解是一样的。（　　）

8. 货币理论的核心问题是货币需求数量是否受到利率变动的影响以及受到多大程度的影响。（　　）

（五）计算题

根据下列条件计算相应结果：

（1）假定名义 GDP 为 80 万亿元，货币的数量是 20 万亿元，计算货币的流通速度。

（2）假定货币的流通速度为 5，名义 GDP 为 125 万亿元，计算货币数量。

（3）根据货币数量论，如果货币供给从 10 万亿元上升到 12 万亿元，那么物价水平会怎样变动？

（4）根据货币数量论，如果名义收入为 100 万亿元，货币流通速度为 2，那么货币需求是多少？

（六）简答题

1. 什么是货币需求？什么是流动性陷阱？

2. 凯恩斯货币需求理论的主要内容是什么？

3. 弗里德曼货币需求理论的主要内容是什么？

4. 鲍莫尔是如何发展凯恩斯的交易性货币需求理论的？

5. 按照托宾对投机性货币需求的分析思路，解释为什么债券和股票的预期收益率高于货币，人们还愿意保留一定的现金和活期存款？

6. 如何理解弗里德曼关于“货币需求函数是极其稳定的”这一结论？

（七）论述题

1. 试比较分析现金交易学说和现金余额学说的区别。论述两者对研究货币需求的贡献。

2. 试比较分析凯恩斯的货币需求函数与弗里德曼的货币需求函数的区别。

四、参考答案

（一）单项选择题

1. D	2. C	3. D	4. B	5. C	6. B	7. C	8. A	9. C	10. B
11. D	12. A	13. B	14. C	15. A	16. D	17. C	18. A	19. B	20. D

（二）多项选择题

1. BC	2. CDE	3. ABC	4. ACE	5. AC
6. BCD	7. BCD	8. BDE	9. BC	10. ABC

（三）名词解释

1. 货币需求量是指在一定的时间内，在一定的经济条件下，整个社会对货币需要用于执行交易媒介、支付手段和价值贮藏的货币数量。

2. 货币需求函数是指表达货币需求量与决定货币需求的各种因素之间的关系是函数。货币需求函数通常将决定和影响货币需求的各种因素作为自变量，将货币需求本身作为因变量。建立货币需求函数主要满足以下三个用途：用于分析各种因素对货币需求的不同影响，包括影响的方向和影响的程度；用于验证货币需求理论分析的结果；预测一定时期内全社会货币需求量及其变化的方向，作为制定货币政策、调节货币供给的依据。影响和决定货币需求的变量有多种，大致可以分为三类：规模变量、机会成本变量和其他变量。

3. 费雪的交易方程式又称现金交易学说。美国经济学家费雪于 1911 年出版了《货币的购买力》一书，提出了著名的交易方程式“$MV=PT$”，M 为货币数量，V 为货币流转速度，P 为加权平均的一般物价水平，T 为交易总量。假定在短期内，V 是稳定的，T 在一定时期内不变，得到货币数量 M 的变动将导致物价 P 的同比例、同方向变动。货币数量的变动是因，一般物价水平的变动是果。因此，费雪货币数量论表明：货币需求仅为收入的函数，利率对货币需求没有影响；货币只有交易媒介功能。由于该方程式强调货币的交易职能，因此也被称为现金交易学说。

4. 剑桥方程式又称现金余额学说，是以马歇尔和庇古为首的英国剑桥大学的经济学家创立的。庇古在马歇尔理论的基础上，提出了其著名的剑桥方程式“$M=KY$”或“$M=KPy$”，M 为货币需求量，K 为人们愿意以通货形式持有的财富占总财富的比例，P 为物价缩减指数，y 为实际国民收入。从形式上来看，费雪的交易方程式和剑桥方程式之间并没有什么重大的区别，只不过是一个简单的数学变形。但是，从公式包含的经济意义角度来看，两者是有本质区别的。剑桥方程式把货币需求与经济主体的动机联系起来，从而成为真正的货币需求理论；除了研究货币的交易数量外，还研究了货币作为贮藏手段的数量；K 为变量；把货币作为一种资产，研究货币余额。

5. 交易性动机是指为进行日常交易而产生的持有货币的愿望。交易性动机的强度取决于收入的大小和收入间隔的时间长短。

6. 预防性动机是指人们为了应付不时之需而持有货币的动机。生活中经常会出现一些未曾预料的、不确定的支出和购物机会，为此人们也需要保持一定量的货币在手中。这类货币需求被称为货币的预防性需求。

7. 投机性动机是指人们根据对市场利率变化的预测，需要持有货币以便满足从中获利的动机。利率的变化将造成证券价格的升降，这使得人们有机会在货币与证券之间进行选择。从这一动机产生的货币需求称为货币的投机性需求。

8. 流动性偏好是指人们在心理上偏好流动性，愿意持有流动性最强的货币而不愿意持有其他缺乏流动性的资产的欲望。这种欲望构成了对货币的需求。因此，凯恩斯的货币需求理论又被称为流动性偏好理论。

9. 流动性陷阱是指因为当利率低至最低点时，人们会一致认为利率将迅速上升，此时持有债券价格会因债券价格下跌而蒙受资本损失。于是，人们在此时普遍要以货币形式来持有全部资产，而不以债券形式持有全部资产。此时，货币供给的增加并不能使利率降低，因为利率已经低至最低点，预期利率会上涨。因此，增加的货币存量都被自愿贮存了，货币需求成为完全弹性，犹如无底洞一般，流动性陷阱的名称即由此得来。

10. 古典区域是与流动性陷阱相反的情况。古典区域是指当利率水平到达最高点时，人们普遍预期利率即将下跌，债券价格会上涨，因而持有债券能获得资本利得。这与古典经济理论对货币需求的研究极为相似，没有对货币的投机需求，古典区域的称谓即由此得来。

11. 恒久收入是指过去、现在和将来的收入的平均数，即长期收入的平均数。

（四）判断与分析题

1. 错误。货币需求是一种由货币需求欲望和货币需求能力相互决定的特殊需求，即人们希望得到或持有货币的欲望，同时人们也有得到或持有货币的能力。

2. 错误。货币虽然不是实际的生产要素，但却是推动要素的黏合剂，通过货币可以黏合劳动力、生产资料等生产要素。货币是分配资源、媒介资源的工具，货币量的大小要受制于可供分配的资源量，因此货币量不能过多也不能过少。货币量过多或过少都会对经济产生实质性影响，如通货膨胀或通货紧缩。

3. 错误。尽管从形式上看，现金交易方程式与现金余额方程式相差无几，并且皆认为货币量的变动为物价变动的原因，但是两者仍然存在以下区别：

（1）现金交易学说的研究对象为一段时间内的货币流量，现金余额学说强调的是在某一特定的时点上人们持有的货币存量。

（2）现金交易学说重视货币的交易媒介的功能；现金余额学说重视货币的资产功能和贮藏功能，把货币当成保存资产或财富的一种手段。

（3）现金交易学说重视影响交易的货币流通速度、金融体制等客观因素，忽略了经济主体在金融市场上的主观意志；现金余额学说强调人们主观的资产选择行为、人的意志、预期、心理因素的作用，这为以后的货币需求理论留下了发展的空间和契机。

4. 错误。当利率降至某种水准时，流动性偏好可能变成几乎是绝对的。这就是说，当利率降至该水准时，因为利息收入太低，所以几乎每人都宁愿持有现金，而不愿持有债券票据，此时金融当局对利率即无力再施加控制。

与此相反，当利率高达某一水平时，人们的闲置余额将尽数投入债券，而使对货币的投机需求为零。因为此时流动性偏好函数变成了一条直线，以致利率完全失去了稳定性，所以人们都要逃避通货。当出现这种极端情况时，金融当局要想通过调节利率来影响货币需求也是非常困难的。

5. 错误。弗里德曼认为，在总财富中有人力财富和非人力财富之分。人力财富是指个人获得收入的能力，非人力财富即物质财富。由于人力财富不能像非人力财富那样可以随时在市场上买卖以转化成收入或其他资产，因此当人力财富在总财富中所占比例较高时，人们的货币需求也会相应增加；反之，人们的货币需求将会下降。

6. 错误。在凯恩斯的货币需求函数中，收入为即期的实际收入水平。在弗里德曼的货币需求函数中，收入则是具有高度稳定性的恒久收入，是决定货币需求的主要因素。因此，在凯恩斯和弗里德曼的货币需求函数中，收入变量是不一样的。

7. 错误。凯恩斯学派认为，货币供给量的变化是通过利率的作用来影响投资的，相对于其他众多变量，货币供给量对国民收入的影响只能是间接、次要的。货币学派认为，在长期中，货币供给量的变化不影响国民收入，只影响价格；但在短期内，货币供给量的变化既会引起价格的变化，也会引起国民收入的变化，其影响是直接的。

8. 正确。

（五）计算题

（1）4。

（2）25 万亿元。

（3）上涨 20%。

（4）50 万亿元。

（六）简答题

1. 货币需求是一种由货币需求愿望和货币需求能力相互决定的特殊需求，即人们希望得到或持有货币的愿望，同时人们有得到或持有货币的能力。具体来说，也就是在一定时期，人们持有财富或资产的形式是货币，而不是商品等实物资产，也不是有价证券等其他金融资产。因此，所谓货币需求，就是人们把货币作为一种资产而持有的行为。

凯恩斯认为，货币需求是指特定时期公众能够而且愿意持有的货币量。人们之所以需要持有货币，是因为人们对流动性的偏好。凯恩斯认为，在流动性偏好一定的情况下，中央银行增加货币供应量，则人们会感觉手中持有的货币量过多了，因此会增加债券的购买，从而引起债券价格的上升，市场利率的下降。当市场利率低于资本边际收益率的时候，投资将会增加，并通过投资乘数的作用，提高有效需求，使就业与国民收入成倍增长。

但是，凯恩斯也指出，通过变动货币供应而控制利率的做法在产业周期的特殊阶段也是无效的。凯恩斯提出，当利率降至某种水准时，流动性偏好可能变成几乎是绝对的。这就是说，当利率降至该水准时，因为利息收入太低，所以几乎每人都宁愿持有现金，而不愿持有债券票据，此时金融当局对利率即无力再施加控制。此时的流动性偏好函数几乎成为一条水平线，这就是所谓的流动性陷阱。它表示当利率降至某一不能再低的水平时，流动性偏好可以无限制地吸纳货币，流动性偏好成为绝对。

2. 凯恩斯对货币需求的分析是从分析人们的持币动机开始的。他认为，人们之所以需要持有货币，是因为存在流动性偏好这种普遍的心理现象。所谓流动性偏好，是指人们在心理上偏好流动性，愿意持有流动性最强的货币而不愿意持有其他缺乏流动性的资产的欲望。这种欲望构成了对货币的需求。因此，凯恩斯的货币需求理论又被称为流动性偏好理论。其理论的要点如下：

（1）货币需求是指特定时期公众能够而且愿意持有的货币量。人们之所以需要持有货币，是因为人们对流动性的偏好。

（2）人们对货币的需求是基于三种动机，即交易性动机、预防性动机和投机性动机。

（3）交易性货币需求是收入的增函数。

（4）投机性货币需求是利率的减函数。

（5）凯恩斯得出货币需求函数为 $\frac{M_d}{P}=f(i,\ Y)$。$\frac{M_d}{P}$为实际货币需求余额，i 为利率，Y 为实际收入。

（6）凯恩斯的整个经济理论体系是将货币通过利率与投资、就业以及国民收入等经济因素联系起来的。

（7）凯恩斯指出，通过变动货币供应而控制利率的做法在产业周期的特殊阶段也是无效的，由此提出了流动性陷阱与古典区域的理论。

3. 弗里德曼将货币看成资产的一种形式，用消费者的需求和选择理论来分析人们对货币的需求。消费选择理论认为，消费者在选择消费品时，要考虑三类因素：收入，这构成预算约束；商品价格以及替代品和互补品的价格；消费者的偏好。

（1）影响人们货币需求的第一类因素是预算约束。也就是说，个人所能够持有的货币以其总财富量为限，并以恒久收入作为总财富的代表。恒久收入是指过去、现在和将来的收入的平均数，即长期收入的平均数。弗里德曼注意到在总财富中有人力财富和非人力财富。人力财富是指个人获得收入的能力，非人力财富即物质财富。弗里德曼将非人力财富占总财富的比率作为影响人们货币需求的一个重要变量。

（2）影响货币需求的第二类因素是货币及其他资产的预期收益率，包括货币的预期收益率、债券的预期收益率、股票的预期收益率、预期物价变动率。

（3）影响货币需求的第三类因素是财富持有者的偏好。

根据以上分析，弗里德曼得到实际货币需求函数为 $\frac{M}{P}=f(y,\ w;\ r_m,\ r_b,\ r_e;\ \frac{Ldp}{Pdt};\ u)$。

弗里德曼认为，非人力财富占比 w、财富持有者的偏好 u 在短期是稳定的，实物资产对实际货币需求的影响因素$\frac{Ldp}{Pdt}$在短期也是稳定的，而 r_m、r_b、r_e 均受市场利率 i 的影响，因此货币需求函数可以简化为$\frac{M}{p}=f(y, i)$。

4. 鲍莫尔的存货模型是对凯恩斯交易性动机货币需求理论的发展，提出交易性动机的货币需求不仅是收入的增函数，而且是利率的减函数。

鲍莫尔将现代管理科学的“最适量存货控制理论”运用于货币需求的研究，他将为满足交易动机而持有的货币看成与企业为延续生产而保有的存货一样，认为存货的保有要耗费一定的成本，持有满足交易性动机的货币也同样会发生成本。因此，任何经济主体都会尽量将其所持有的交易余额减少到最小，以降低持有货币的机会成本。鲍莫尔认为，研究者需找到一个最佳的货币持有量，使得机会成本和交易成本之和最小。

因此，交易性货币需求的最适量为著名的“平方根公式”。这一公式表明：

（1）佣金费用的存在是交易性货币需求存在的前提条件。

（2）交易性货币需求并不与交易总额同比例增长。

（3）将利率弹性引入交易性货币需求，丰富和发展了凯恩斯的货币需求理论。

5. 凯恩斯的投机性货币需求理论的最大缺陷在于忽略了人们的多样化选择。其思路是当利率降低时，人们预期利率会上升，因此人们将持有货币；反之，当利率升高时，人们预期利率会下降，于是人们将持有债券。也就是说，人们只能在货币和债券两种资产之间任意选择其一，而不能两者兼有。显然，凯恩斯的这种观点与现实是不符的。凯恩斯的理论无法解释在现实经济生活中投资者为什么既持有债券又持有货币。

1958 年，美国著名的计量经济学家、后凯恩斯学派的主要代表詹姆斯·托宾发表了《流动性偏好——对付风险的行为》一文，提出了著名的“资产选择理论”，即用投资者避免风险的行为动机重新解释流动性偏好理论，开创了资产选择理论在货币理论中的应用。

托宾认为：第一，人们在选择持有什么资产时，不仅要考虑一种资产相对于另一种资产的预期收益率，而且要考虑这种资产相对于另一种资产的风险。第二，债券称为风险性资产，货币称为安全性资产。债券比货币的预期收益率高，但风险也大。因此，人们更愿意持有风险较小、预期收益率低的货币。第三，人们的选择是债券和货币都占一定的份额，以便采取多样化组合策略来使总资产的风险较小而收益较大。这一理论说明了在不确定状态下人们同时持有货币和债券的原因。

6. 弗里德曼认为，货币需求对利率并不敏感。原因在于影响人们货币需求的因素是货币与其他资产之间相对的预期收益率的高低，当货币的预期收益率与其他资产的预期收益率随市场利率同向变化时，货币与其他资产之间相对的预期收益率几乎不变，从而货币需求将相对保持不变，即利率对货币需求的影响无关紧要，或者说货币需求对利率很不敏感。弗里德曼的实证分析也证实了这一点，如利率每提高或降低 1%，货币需求量减少或增加 0. 155%。

弗里德曼强调恒久收入对货币需求的主导作用。恒久收入具有高度的稳定性，因此受恒久收入支配的货币需求也是稳定的。弗里德曼的实证分析也证实了这一点，如收入每提高或降低 1%，货币需求量提高或减少 1.394%。

（七）论述题

1. 尽管从形式上看，现金交易学说与现金余额学说相差无几，并且都认为货币量的变动为物价变动的原因，但是从公式所内含的经济学意义的角度看，两者有着本质的区别。

（1）两种学说对货币需求分析的侧重点不同。现金交易学说重视货币的交易媒介功能；现金余额学说重视的是货币的资产功能和贮藏功能，把货币当成保存资产或财富的一种手段。

（2）现金交易学说的研究对象为一段时间内的货币流量，现金余额学说强调的是在某一特定的时点上人们持有的货币存量。

（3）两者强调的货币需求的决定因素不同。现金交易学说重视影响交易的货币流通速度、金融体制等客观因素，忽略了经济主体在金融市场上的主观意志；现金余额学说强调人们主观的资产选择行为、人的意志、预期、心理因素的作用，这为以后的货币需求理论留下了发展的空间和契机。显然，现金余额学说的货币需求决定因素多于现金交易学说，特别是利率的作用已成为不容忽视的因素之一。

从公式 $M=KY$ 看来，剑桥方程式似乎也同意费雪关于短期内利率对货币需求没有影响的观点，即认为名义收入是影响货币需求的唯一因素。但事实上，虽然剑桥学派的经济学家常常将 K 视为常量，并同意费雪的货币数量决定名义收入的观点，但他们的理论却允许个人选择愿意持有的货币数量。由于是否采用货币形式储藏财富以及采用货币形式储藏多少财富的决策实际上取决于其他也可以作为储藏财富的财产的回报率和预期回报率，因此事实上他们考虑了在短期内 K 发生波动的可能性。如果其他资产的回报率和预期回报率发生改变，K 也可能改变。

货币数量论对经济学的影响很大，许多对货币理论的定量分析就是建立在现金交易方程式和现金余额方程式的基础之上的，特别是现金余额方程式，开创了研究货币需求的四个新的方向：第一，从货币对其持有者效用的角度发展为研究经济主体持币原因的货币需求动机理论；第二，从持币机会成本的角度发展为货币需求决定与影响因素理论；第三，从货币作为一种资产的角度发展为研究数量与结构的货币需求分类理论、平方根理论、资产组合理论、货币需求函数理论等；第四，从货币供求关系的角度发展为研究货币供求函数交互作用和供求均衡理论。

2. 凯恩斯和弗里德曼都是从资产选择的角度来讨论货币需求，但弗里德曼的现代货币数量论与凯恩斯的货币需求理论有着明显的不同。其主要表现在以下几个方面：

（1）凯恩斯所考虑的仅仅是在货币和生息资产——债券之间的选择，而弗里德曼所考虑的资产选择范围则要广泛得多，不仅包括货币、债券，还包括股票和实物资产。凯恩斯把货币的预期报酬率视为零，而弗里德曼则把货币当成一个会随着其他资产预期报酬率的变化而变化的量。

（2）货币需求量的决定。凯恩斯主义的货币需求理论认为，人们持有货币的动机可以分为交易性动机、预防性动机和投机性动机，决定交易性动机与预防性动机的是货币收入水平，而决定投机性动机的是利率的高低。在短期内，货币收入是相当稳定的，因此决定货币需求量的主要因素是利率的变化，即人们对货币的需求随利率的升降向反方向变化。利率的变动是经常的，因此对货币的需求量不稳定。货币主义认为，决定货币需求量的主要因素是恒久性收入，利率对货币需求量的影响很小，而恒久性收入对货币需求量的影响较大。因为恒久性收入是指人们在长期中的正常收入，这种收入的稳定决定了货币需求的稳定。

（3）货币供给量变化对经济的影响。凯恩斯主义认为，货币供给量的变动影响国民收入，因为决定国民收入的主要因素是投资，投资的变动通过乘数的作用决定国民收入的变动。决定投资的因素主要是预期的利润率与利率的差距，两者的差距越大，资本家越愿意投资；反之，资本家就越不愿意投资。货币供给量的变化是通过利率的作用来影响投资的，相对于其他众多变量，货币供给量对国民收入的影响只能是间接的、次要的。货币主义认为，在长期中，货币供给量的变化不影响国民收入，只影响价格；但在短期内，货币供给量的变化既引起价格的变化，也引起国民收入的变化。原因在于弗里德曼认为货币供给量的增加会导致财富相对价格的变化，在工人存在着“货币幻觉”的情况下，生产要素价格的上升将落后于产成品的价格，企业家将扩大生产规模，使失业减少、国民收入增加。但是工人会从“货币幻觉”中反应过来，工资的上升使得生产要素的价格和产成品的价格回到原来的水平上，企业家减少投资、失业增加。货币供给增加在短期中的产出效应最后都转化成价格效应。在这个过程中，货币供应量是决定国民收入变动的主要因素，因此弗里德曼强调“只有货币最重要”。

凯恩斯主义认为，货币供给量的变动影响国民收入的传导变量是利率。原因在于：在利率不变的情况下，货币供给量的增加使得人们实际持有的货币超过其愿意持有的数量，他们就将此超额的货币购买政府债券，结果导致债券价格上升和利率下降。利率下降刺激投资增加，通过乘数的作用引起国民收入增加。在货币供给量减少时，人们将卖出国债，持有货币，利率上升，投资和国民收入减少。货币主义认为，利率变动对货币相对于其他资产的预期回报率影响甚微，因此货币供给量本身就是影响国民收入的重要环节。他们认为，公众并不像凯恩斯所说的那样，只是在货币和国债两者之间进行选择，而是有更大的财富选择范围。也就是说，在货币供给量增加时，债券价格上升，利率下降，人们还可以选择其他形式的资产，因为利率下降，其他有价证券和实物资产（耐用消费品、房屋等）的价格也会变得相对的便宜，这就吸引人们对这些资产进行购买，于是刺激消费和投资，所以国民收入增加。当货币供应量减少时，同样传导机制的逆向运作致使国民收入减少。

（4）对货币政策的选择。凯恩斯主义比较重视财政政策，而相对轻视货币政策。货币主义者从货币的至关重要中引出货币政策的重要性。凯恩斯主义主张“逆经济风向”行事的货币政策，而货币主义则强调规则的货币政策。

凯恩斯从有效需求不足出发，认为资本主义经济的运行是不稳定的，因此主张实行国家干预，即通过财政政策与货币政策来调节经济。凯恩斯主义之所以更加重视财政政策的作用，一是因为财政政策是政府当局的主动性行为；二是因为货币政策要通过影响人们的投资消费欲望再影响其支出；三是因为在危机时期，人们的货币需求趋于无穷大，货币供给的增加都可能进入流动性陷阱，从而无法对国民收入产生积极的影响。

货币主义认为，自发的市场力量可以促使资本主义经济趋向均衡。尽管货币主义并不完全否认国家的作用，但其主张依靠自由市场的调节作用，淡化财政政策的作用，而突出货币政策的效果。货币主义认为，反凯恩斯主义“逆经济风向”行事的货币政策充其量只能在短期中增加产出，而在长期中只会造成物价水平的上涨。不仅于此，因为经济运行有其固有的周期性倾向，所以政策生效都有一段时差。这就是说，管理层在经济过热时采取的紧缩政策很可能在萧条时期发挥作用；而在萧条时期采取的扩张性政策，则可能在繁荣时期发挥作用，从而不是“熨平”，而是扩大经济波动的幅度。因此，货币主义主张采取“规则”的货币政策，即不管经济运行处于什么状态，货币供给都按预期的经济增长率和物价上涨率之和增长。这就能给经济提供一个稳定的金融背景，避免凯恩斯主义财政政策和货币政策的扰乱，从而抵消经济体制中由其他原因引起的动荡。

第十二章　中央银行

一、教学大纲

（一）教学目的与要求

本章主要讨论中央银行的产生、类型、性质、职能以及中国人民银行的相关知识。学习完本章，学生应了解和掌握为什么会产生中央银行、中央银行有哪些类型、如何理解中央银行的相对独立性、中央银行的职能有哪些以及中国人民银行概况。

（二）教学内容梗概

1. 中央银行的产生及类型

（1）中央银行产生的客观经济基础。20 世纪以前，整个银行业面临着政府融资的需求、银行券发行问题、票据交换问题、最后贷款人问题和金融监管问题。为了稳定货币流通，政府必须改变银行券的分散多元发行为集中统一发行；为了保证并提高清算质量、效率，政府必须建立起统一、公正、权威的清算中心；为了防止信用危机，政府必须有一个具有国家权威、资信卓著的最后贷款人；为了规范、有效地调控金融运行，维护金融秩序，政府必须设立一个最有权威的专门性金融管理机构。由此，中央银行应运而生了。

（2）中央银行产生的途径。中央银行的产生途径有两种：一种是从既有的商业银行逐步演变、地位提升中产生，另一种是从目的明确的直接创设中产生。

（3）中央银行的类型。从世界各国的中央银行制度来看，中央银行大致可以归纳为四种类型：单一中央银行制、复合中央银行制、跨国中央银行制、准中央银行制。

2. 中央银行的性质和职能

（1）中央银行的基本特征。处于一国经济金融活动中的中央银行，作为唯一代表国家对一国经济金融进行调控监管的特殊金融机构，其基本特征有不以营利为目的、以政府和金融机构为业务对象、资产流动性高、不在国外设立分支机构。

（2）中央银行的独立性。中央银行的独立性一般包括三项内容：独立的货币发行、独立的货币政策、独立的监管职能。

（3）中央银行的职能。对于中央银行的基本职能，归纳与表述的方法各有不同，一般归纳为发行的银行、银行的银行、政府的银行和管理金融的银行四大职能。

3. 中央银行的业务

（1）负债业务。中央银行的负债是指由社会各部门和个人持有的对中央银行的债权。中央银行的负债业务是中央银行资产业务的基础。中央银行的负债业务主要有货币发行、代理国库、集中存款准备金、其他负债业务。

（2）资产业务。中央银行的资产是指中央银行在一定时点上所拥有的各种债权。中央银行的资产业务对其制定和实施货币政策、调控金融运行起着重要作用。中央银行的资产业务主要有贷款、再贴现、证券买卖、金融外汇储备、其他资产业务。

（3）中间业务。资产清算业务是中央银行的主要中间业务，这类业务可以划分为集中办理票据交换、结清交换差额、办理异地资金转移。

（4）资产负债表。中央银行的资产负债表对中央银行办理资产负债业务情况予以记载反映。中央银行最主要的资产负债项目如表 12-1 所示。

表 12-1　中央银行最主要的资产负债项目

资产	负债和所有者权益
贴现及放款	流通中的通货
政府债券和财政借款	国库及公共机构存款
外汇、黄金储备	商业银行等金融机构存款
其他资产	其他负债和资本项目
合计	合计

二、重点难点分析

本章的主要内容是中央银行的产生、类型、性质和职能等。本章的重点难点如下：

（1）中央银行产生的客观经济基础是本章的重点。自 17 世纪后，银行业获得巨大的发展空间，但是与此同时，银行业也面临着众多问题：政府融资的需求、银行券发行问题、票据交换问题、最后贷款人问题和金融监管问题。这奠定了中央银行的客观经济基础：为了稳定货币流通，政府必须改变银行券的分散多元发行为集中统一发行；为了保证并提高清算质量、效率，政府必须建立起统一、公正、权威的清算中心；为了防止信用危机，政府必须有一个具有国家权威、资信卓著的最后贷款人；为了规范、有效地调控金融运行，维护金融秩序，政府必须设立一个最有权威的专门金融管理机构。

（2）中央银行的基本特征、独立性以及职能是本章的重点内容。处于一国经济金融活动中心的中央银行，其基本特征表现在不以营利为目的、以政府和金融机构为业务对象、资产流动性高、不在国外设立分支机构。中央银行存在相对独立性，如独立的货币发行、独立的货币政策和独立的监管职能。中央银行是发行的银行、银行的银行、政府的银行和管理金融的银行。

（3）关于中央银行的业务，学生要加以了解和掌握。中央银行有着自己独特的资产业务和负债业务。中央银行资产负债表所记载的资产、负债的任何变动，均能反映国民经济的变动情况。就货币供给量的调控而言，中央银行可以通过适时适度变动资产负债规模、结构而使货币供给量发生相应的变动，以实现其锁定调控目标。

（4）中华人民共和国的中央银行是中国人民银行。中国人民银行负责实施《中华人民共和国中国人民银行法》所赋予的各项权利和职责。

三、习题练习

（一）单项选择题

1. 中央银行的业务对象为（　　）

A. 一国政府与工商企业　　B. 一国金融机构与工商企业

C. 工商企业与个人　　D. 一国政府与金融机构

2. 货币发行业务是中央银行的（　　）。

A. 资产业务　　B. 负债业务

C. 中间业务　　D. 清算业务

3. 中央银行的独立性是指（　　）。

A. 其制定和实施货币政策的相对自主性

B. 其调控监管一国金融的相对自主性

C. 其制定和实施货币政策，调控监管一国金融的相对自主性

D. 其调控货币供给的相对自主性

4. 分散多元的货币发行（　　）。

A. 有利于货币供求适度　　B. 有利于币值稳定

C. 易使货币发行失控　　D. 易使货币发行汰劣存良

5. 中央银行通常被称为“最后贷款人”，这是因为（　　）。

A. 其贷款利率最低

B. 在银行无能为力的情况下，可以向客户发放贷款

C. 可以向陷入困境的银行发放贷款

D. 监管银行贷款

6. 中央银行持有具有较高流动性的资产旨在（　　）。
A. 灵活调节货币供求
B. 确保经济金融运行相对稳定
C. 保障金融安全
D. 灵活调节货币供求，确保经济金融运行相对稳定
7. 中央银行在经济衰退时，可能会（　　）法定准备金率。
A. 调高　　B. 降低
C. 不改变　　D. 取消
8. 各国中央银行货币发行准备基本上包括两种：一是现金准备，二是（　　）。
A. 商品保证准备　　B. 票券保证准备
C. 外汇保证准备　　D. 信用保证准备
9. 中央银行若提高再贴现率，将（　　）。
A. 迫使商业银行降低贷款利率　　B. 迫使商业银行提高贷款利率
C. 使商业银行没有行动　　D. 使企业得到成本更高的贷款
10.（　　）最能体现中央银行是“银行的银行”。
A. 集中存款准备金　　B. 发行货币
C. 代理国库　　D. 最后贷款人

（二）多项选择题

1. 中央银行的微观经济基础包括（　　）。
A. 为稳定货币流通，必须改银行券的分散多元发行为集中统一发行
B. 为保证并提高清算质量、效率，必须建立起统一、公正、权威的清算中心
C. 为防止信用危机，必须有一个具有国家权威、资信卓越的最后贷款人
D. 为规范金融运行，必须设立一个监督金融市场运行的机构
E. 为有效调控金融运行、维护金融秩序，必须设立一个权威的专门金融管理机构
2. 中央银行的中间业务有（　　）。
A. 集中办理票据交换　　B. 结算交换差额
C. 办理异地资金转移　　D. 依据货币发行制度进行货币发行
E. 集中存款准备金
3. 中央银行的资产涉及（　　）等。
A. 再贴现　　B. 放款
C. 黄金、外汇储备　　D. 各种证券
E. 流通中的货币
4. 从世界金融发展历史看，银行业在 18 世纪末 19 世纪初面临的主要问题有（　　）。
A. 银行券发行　　B. 票据交换
C. 最后贷款人　　D. 金融监管
E. 货币调控

5. 中央银行产生的途径主要是（　　）。
A. 从商业银行的演变中产生　　B. 直接创设
C. 政府理财　　D. 货币集中发行
E. 票据交换服务

6. 中央银行作为银行的银行，其主要职责有（　　）。
A. 充当最后贷款人　　B. 集中保管存款准备金
C. 主持全国银行间清算业务　　D. 开展公开市场业务
E. 主持外汇营业银行外汇头寸抛补业务

7. 中央银行的贷款对象是（　　）。
A. 工商企业　　B. 商业银行
C. 投资银行　　D. 政府
E. 证券公司

8. 中央银行的制度形式有（　　）。
A. 单一中央银行制　　B. 复合制中央银行制
C. 跨国中央银行制　　D. 二元中央银行制
E. 准中央银行制

9. 中央银行的基本特征是（　　）。
A. 不以营利为目的　　B. 可以凌驾于政府之上
C. 业务对象为政府、金融机构　　D. 资产流动性高
E. 不在国外设立分支机构

10. 中央银行的负债业务包括（　　）。
A. 货币发行　　B. 代理国库
C. 吸收公众存款　　D. 集中存款准备金
E. 其他负债业务

（三）名词解释

1. 单一中央银行制

2. 中央银行的独立性

3. 发行的银行

4. 银行的银行

5. 政府的银行

6. 管理金融的银行

（四）判断与分析题

1. 货币发行主体多元化有利于经济发展。（　　）
2. 中央银行产生于目的明确的直接创设。（　　）
3. 单一中央银行制也就是一元中央银行制。（　　）
4. 中国人民银行实行的是准中央银行制。（　　）
5. 中央银行的独立性是指在制定与实施货币政策、进行金融调控与监管时是完全独立的。（　　）

（五）简答题

1. 在中央银行产生前，整个银行业面临的问题有哪些？

2. 中央银行的客观经济基础是什么？

3. 怎样理解中央银行的性质和职能？

4. 如何理解中央银行的独立性？

5. 简述中央银行的业务

四、参考答案

（一）单项选择题

1. D　2. B　3. C　4. C　5. C　6. D　7. B　8. B　9. B　10. D

（二）多项选择题

1. ABCDE　2. ABC　3. ABCD　4. ABCD　5. AB
6. ABCD　7. BD　8. ABCE　9. ACDE　10. ABDE

（三）名词解释

1. 单一中央银行制是指一个国家单独建立中央银行机构，作为政府的银行、发行的银行、银行的银行，全面执行中央银行职能并制定金融行业制度。

2. 中央银行独立性是指中央银行作为一国金融体系的核心、首脑，在制定和实施货币政策、调控宏观金融运行时具有相对自主性。中央银行保持相对独立性所应遵循的原则是货币政策制定和实施应以一国宏观经济目标为出发点，应按照金融运行规律具体操作。中央银行相对独立性的主要内容包括建立独立的货币发行制度、独立制定和实施货币政策、独立调控整个金融体系和金融市场。

3. 发行的银行是指中央银行垄断货币发行，具有货币发行的特有权、独占权，是一国唯一的货币发行机构。

4. 政府的银行是指中央银行为政府提供服务，是政府管理一国金融的专门机构。

5. 银行的银行是指中央银行通过办理存、放、汇等业务，充作商业银行和其他金融机构的最后贷款人。

6. 管理金融的银行是指中央银行作为一国金融体系的核心、首脑，致力于货币政策的制定和实施，对整个银行业的运行进行调控监管。

（四）判断与分析题

1. 错误。货币发行主体多元化会带来银行券流通不畅问题、银行相互间恶意挤兑问题、银行券兑现危机。

2. 错误。中央银行从商业银行演变中产生或从目的明确的直接创设中产生。

3. 错误。单一中央银行制划分为一元中央银行制与二元中央银行制两种。

4. 错误。中国人民银行实行的是一元制的中央银行管理体制，由中国人民银行执行中央银行的全部职责。

5. 错误。中央银行的独立性是指中央银行作为一国金融体系的核心、首脑，在制定与实施货币政策、调控与监管一国金融时具有相对自主性。

（五）简答题

1. 20 世纪以前，银行业面临银行券发行问题、票据交换问题、最后贷款人问题、金融监管问题，这些问题对银行体系及金融的稳定与发展形成极大的威胁。

2. 20 世纪以前，困扰银行业的各种问题的出现，本身就奠定了产生中央银行的客观经济基础：为了稳定货币流通，政府必须改变银行券的分散多元发行为集中统一发行；为了保证并提高清算质量、效率，政府必须建立起统一、公正、权威的清算中心；为了防止信用危机，政府必须有一个具有国家权威、资信卓著的最后贷款人；为了规范、有效地调控金融运行，维护金融秩序，政府必须设立一个最有权威的专门金融管理机构。

3. 一国中央银行作为唯一代表国家对一国经济金融进行调控监管的特殊金融机构，在金融体系中居于核心地位，其基本特征为不以营利为目的、以政府和金融机构为业务对象、资产流动性高、不在国外设立分支机构。

中央银行的职能可以归纳为发行的银行，即中央银行是一国唯一的货币发行机构；政府的银行，即中央银行是政府管理一国金融的专业机构；银行的银行，即中央银行充作商业银行和其他金融机构的最后贷款人；管理金融的银行，即中央银行制定和实施货币政策、调控宏观金融运行。

4. 中央银行独立性定位如下：中央银行作为一国金融体系的核心、首脑，在制定和实施货币政策、调控宏观金融运行时具有相对自主性。

中央银行相对独立性保持所应遵循的原则如下：货币政策制定和实施应以一国宏观经济目标为出发点，应按照金融运行规律具体操作。

中央银行相对独立性的主要内容如下：中央银行建立独立的货币发行制度、中央银行独立制定和实施货币政策、中央银行独立调控整个金融体系和金融市场。

5. 中央银行的业务有负债业务、资产业务和中间业务。负债业务有货币发行、代理国库、集中存款准备金、与国际金融负债和国内金融机构往来等。资产业务主要有贷款、再贴现、证券买卖、金融外汇储备和其他资产业务。资产清算业务是中央银行的主要中间业务，这类业务主要有集中办理票据交换、结算交换差额和办理异地资金转移。

五、延伸阅读

中华人民共和国中国人民银行法

1995年3月18日第八届全国人民代表大会第三次会议通过。根据2003年12月27日第十届全国人民代表大会常务委员会第六次会议《关于修改〈中华人民共和国中国人民银行法〉的决定》修正。

第一章　总则

第一条　为了确立中国人民银行的地位，明确其职责，保证国家货币政策的正确制定和执行，建立和完善中央银行宏观调控体系，维护金融稳定，制定本法。

第二条　中国人民银行是中华人民共和国的中央银行。中国人民银行在国务院领导下，制定和执行货币政策，防范和化解金融风险，维护金融稳定。

第三条　货币政策目标是保持货币币值的稳定，并以此促进经济增长。

第四条　中国人民银行履行下列职责：

（一）发布与履行其职责有关的命令和规章；

（二）依法制定和执行货币政策；

（三）发行人民币，管理人民币流通；

（四）监督管理银行间同业拆借市场和银行间债券市场；

（五）实施外汇管理，监督管理银行间外汇市场；

（六）监督管理黄金市场；

（七）持有、管理、经营国家外汇储备、黄金储备；

（八）经理国库；

（九）维护支付、清算系统的正常运行；

（十）指导、部署金融业反洗钱工作，负责反洗钱的资金监测；

（十一）负责金融业的统计、调查、分析和预测；

（十二）作为国家的中央银行，从事有关的国际金融活动；

（十三）国务院规定的其他职责。

中国人民银行为执行货币政策，可以依照本法第四章的有关规定从事金融业务活动。

第五条　中国人民银行就年度货币供应量、利率、汇率和国务院规定的其他重要事项作出的决定，报国务院批准后执行。

中国人民银行就前款规定以外的其他有关货币政策事项作出决定后，即予执行，并报国务院备案。

第六条　中国人民银行应当向全国人民代表大会常务委员会提出有关货币政策情况和金融业运行情况的工作报告。

第七条　中国人民银行在国务院领导下依法独立执行货币政策，履行职责，开展业务，不受地方政府、各级政府部门、社会团体和个人的干涉。

第八条　中国人民银行的全部资本由国家出资，属于国家所有。

第九条　国务院建立金融监督管理协调机制，具体办法由国务院规定。

第二章　组织机构

第十条　中国人民银行设行长一人，副行长若干人。中国人民银行行长的人选，根据国务院总理的提名，由全国人民代表大会决定；全国人民代表大会闭会期间，由全国人民代表大会常务委员会决定，由中华人民共和国主席任免。中国人民银行副行长由国务院总理任免。

第十一条　中国人民银行实行行长负责制。行长领导中国人民银行的工作，副行长协助行长工作。

第十二条　中国人民银行设立货币政策委员会。货币政策委员会的职责、组成和工作程序，由国务院规定，报全国人民代表大会常务委员会备案。中国人民银行货币政策委员会应当在国家宏观调控、货币政策制定和调整中，发挥重要作用。

第十三条　中国人民银行根据履行职责的需要设立分支机构，作为中国人民银行的派出机构。中国人民银行对分支机构实行统一领导和管理。中国人民银行的分支机构根据中国人民银行的授权，维护本辖区的金融稳定，承办有关业务。

第十四条　中国人民银行的行长、副行长及其他工作人员应当恪尽职守，不得滥用职权、徇私舞弊，不得在任何金融机构、企业、基金会兼职。

第十五条　中国人民银行的行长、副行长及其他工作人员，应当依法保守国家秘密，并有责任为与履行其职责有关的金融机构及当事人保守秘密。

第三章　人民币

第十六条　中华人民共和国的法定货币是人民币。以人民币支付中华人民共和国境内的一切公共的和私人的债务，任何单位和个人不得拒收。

第十七条　人民币的单位为元，人民币辅币单位为角、分。

第十八条　人民币由中国人民银行统一印制、发行。

中国人民银行发行新版人民币，应当将发行时间、面额、图案、式样、规格予以公告。

第十九条　禁止伪造、变造人民币。禁止出售、购买伪造、变造的人民币。禁止运输、持有、使用伪造、变造的人民币。禁止故意毁损人民币。禁止在宣传品、出版物或者其他商品上非法使用人民币图样。

第二十条　任何单位和个人不得印制、发售代币票券，以代替人民币在市场上流通。

第二十一条　残缺、污损的人民币，按照中国人民银行的规定兑换，并由中国人民银行负责收回、销毁。

第二十二条　中国人民银行设立人民币发行库，在其分支机构设立分支库。分支库调拨人民币发行基金，应当按照上级库的调拨命令办理。任何单位和个人不得违反规定，动用发行基金。

第四章 业务

第二十三条 中国人民银行为执行货币政策，可以运用下列货币政策工具：

（一）要求银行业金融机构按照规定的比例交存存款准备金；

（二）确定中央银行基准利率；

（三）为在中国人民银行开立账户的银行业金融机构办理再贴现；

（四）向商业银行提供贷款；

（五）在公开市场上买卖国债、其他政府债券和金融债券及外汇；

（六）国务院确定的其他货币政策工具。

中国人民银行为执行货币政策，运用前款所列货币政策工具时，可以规定具体的条件和程序。

第二十四条 中国人民银行依照法律、行政法规的规定经理国库。

第二十五条 中国人民银行可以代理国务院财政部门向各金融机构组织发行、兑付国债和其他政府债券。

第二十六条 中国人民银行可以根据需要，为银行业金融机构开立账户，但不得对银行业金融机构的账户透支。

第二十七条 中国人民银行应当组织或者协助组织银行业金融机构相互之间的清算系统，协调银行业金融机构相互之间的清算事项，提供清算服务。具体办法由中国人民银行制定。

中国人民银行会同国务院银行业监督管理机构制定支付结算规则。

第二十八条 中国人民银行根据执行货币政策的需要，可以决定对商业银行贷款的数额、期限、利率和方式，但贷款的期限不得超过一年。

第二十九条 中国人民银行不得对政府财政透支，不得直接认购、包销国债和其他政府债券。

第三十条 中国人民银行不得向地方政府、各级政府部门提供贷款，不得向非银行金融机构以及其他单位和个人提供贷款，但国务院决定中国人民银行可以向特定的非银行金融机构提供贷款的除外。

中国人民银行不得向任何单位和个人提供担保。

第五章 金融监督管理

第三十一条 中国人民银行依法监测金融市场的运行情况，对金融市场实施宏观调控，促进其协调发展。

第三十二条 中国人民银行有权对金融机构以及其他单位和个人的下列行为进行检查监督：

（一）执行有关存款准备金管理规定的行为；

（二）与中国人民银行特种贷款有关的行为；

（三）执行有关人民币管理规定的行为；

（四）执行有关银行间同业拆借市场、银行间债券市场管理规定的行为；

（五）执行有关外汇管理规定的行为；

（六）执行有关黄金管理规定的行为；

（七）代理中国人民银行经理国库的行为；

（八）执行有关清算管理规定的行为；

（九）执行有关反洗钱规定的行为。

前款所称中国人民银行特种贷款，是指国务院决定的由中国人民银行向金融机构发放的用于特定目的的贷款。

第三十三条　中国人民银行根据执行货币政策和维护金融稳定的需要，可以建议国务院银行业监督管理机构对银行业金融机构进行检查监督。国务院银行业监督管理机构应当自收到建议之日起三十日内予以回复。

第三十四条　当银行业金融机构出现支付困难，可能引发金融风险时，为了维护金融稳定，中国人民银行经国务院批准，有权对银行业金融机构进行检查监督。

第三十五条　中国人民银行根据履行职责的需要，有权要求银行业金融机构报送必要的资产负债表、利润表以及其他财务会计、统计报表和资料。中国人民银行应当和国务院银行业监督管理机构、国务院其他金融监督管理机构建立监督管理信息共享机制。

第三十六条　中国人民银行负责统一编制全国金融统计数据、报表，并按照国家有关规定予以公布。

第三十七条　中国人民银行应当建立、健全本系统的稽核、检查制度，加强内部的监督管理。

第六章　财务会计

第三十八条　中国人民银行实行独立的财务预算管理制度。中国人民银行的预算经国务院财政部门审核后，纳入中央预算，接受国务院财政部门的预算执行监督。

第三十九条　中国人民银行每一会计年度的收入减除该年度支出，并按照国务院财政部门核定的比例提取总准备金后的净利润，全部上缴中央财政。中国人民银行的亏损由中央财政拨款弥补。

第四十条　中国人民银行的财务收支和会计事务，应当执行法律、行政法规和国家统一的财务、会计制度，接受国务院审计机关和财政部门依法分别进行的审计和监督。

第四十一条　中国人民银行应当于每一会计年度结束后的三个月内，编制资产负债表、损益表和相关的财务会计报表，并编制年度报告，按照国家有关规定予以公布。

中国人民银行的会计年度自公历 1 月 1 日起至 12 月 31 日止。

第七章　法律责任

第四十二条　伪造、变造人民币，出售伪造、变造的人民币，或者明知是伪造、变造的人民币而运输，构成犯罪的，依法追究刑事责任；尚不构成犯罪的，由公安机关处十五日以下拘留、一万元以下罚款。

第四十三条　购买伪造、变造的人民币或者明知是伪造、变造的人民币而持有、使用，构成犯罪的，依法追究刑事责任；尚不构成犯罪的，由公安机关处十五日以下拘留、一万元以下罚款。

第四十四条　在宣传品、出版物或者其他商品上非法使用人民币图样的，中国人民银行应当责令改正，并销毁非法使用的人民币图样，没收违法所得，并处五万元以下罚款。

第四十五条　印制、发售代币票券，以代替人民币在市场上流通的，中国人民银行应当责令停止违法行为，并处二十万元以下罚款。

第四十六条　本法第三十二条所列行为违反有关规定，有关法律、行政法规有处罚规定的，依照其规定给予处罚；有关法律、行政法规未作处罚规定的，由中国人民银行区别不同情形给予警告，没收违法所得，违法所得五十万元以上的，并处违法所得一倍以上五倍以下罚款；没有违法所得或者违法所得不足五十万元的，处五十万元以上二百万元以下罚款；对负有直接责任的董事、高级管理人员和其他直接责任人员给予警告，处五万元以上五十万元以下罚款；构成犯罪的，依法追究刑事责任。

第四十七条　当事人对行政处罚不服的，可以依照《中华人民共和国行政诉讼法》的规定提起行政诉讼。

第四十八条　中国人民银行有下列行为之一的，对负有直接责任的主管人员和其他直接责任人员，依法给予行政处分；构成犯罪的，依法追究刑事责任：

（一）违反本法第三十条第一款的规定提供贷款的；

（二）对单位和个人提供担保的；

（三）擅自动用发行基金的。

有前款所列行为之一，造成损失的，负有直接责任的主管人员和其他直接责任人员应当承担部分或者全部赔偿责任。

第四十九条　地方政府、各级政府部门、社会团体和个人强令中国人民银行及其工作人员违反本法第三十条的规定提供贷款或者担保的，对负有直接责任的主管人员和其他直接责任人员，依法给予行政处分；构成犯罪的，依法追究刑事责任；造成损失的，应当承担部分或者全部赔偿责任。

第五十条　中国人民银行的工作人员泄露国家秘密或者所知悉的商业秘密，构成犯罪的，依法追究刑事责任；尚不构成犯罪的，依法给予行政处分。

第五十一条　中国人民银行的工作人员贪污受贿、徇私舞弊、滥用职权、玩忽职守，构成犯罪的，依法追究刑事责任；尚不构成犯罪的，依法给予行政处分。

第八章　附则

第五十二条　本法所称银行业金融机构，是指在中华人民共和国境内设立的商业银行、城市信用合作社、农村信用合作社等吸收公众存款的金融机构以及政策性银行。在中华人民共和国境内设立的金融资产管理公司、信托投资公司、财务公司、金融租赁公司以及经国务院银行业监督管理机构批准设立的其他金融机构，适用本法对银行业金融机构的规定。

第五十三条　本法自公布之日起施行。

第十三章　货币政策

一、教学大纲

（一）教学目的与要求

本章主要讨论货币政策的制定与实施。学习完本章，学生应了解和掌握中央银行货币政策的最终目标、货币政策的中间指标、货币政策工具、货币政策与财政政策、我国货币政策的执行情况。

（二）教学内容梗概

1. 货币政策的最终目标

从各国执行货币政策的实际情况来看，中央银行货币政策的最终目标往往不止一个，而是多个。货币政策的最终目标一般有以下四个：

（1）物价稳定，即在经济运行中保持一般物价水平的相对稳定。

（2）充分就业。充分就业不是绝对的，也不可能是绝对的。一般来说，充分就业是指这样一种经济状态，即有工作能力并愿意工作的人都能够较为容易地找到适当的工作。

（3）经济增长，即生产资源充分利用引致国民生产总值、国民收入、人均国民生产总值、人均国民收入等指标衡量的增长。

（4）国际收支平衡，即一国对其他国家的全部货币收入和货币支出相抵之后略有顺差或略有逆差的状态。

四个最终目标之间并不能同时实现，四者之间存在矛盾，主要表现为稳定物价与充分就业的矛盾、稳定物价与经济增长的矛盾、稳定物价与国际收支平衡的矛盾。

2. 货币政策的中间目标

（1）选择标准。一般而言，货币政策的中间目标的选择应考虑可测性、可控性、相关性以及抗干扰性、与经济金融体制的兼容性等。

（2）主要的中间目标。

①利率。中央银行能够直接影响利率的变动，而利率的变动又能直接、迅速地对经济产生影响，利率波动情况也易于获取。

②货币供给量。该中间指标易于进行量的测算、分析，其变动可由中央银行调控基础货币予以影响，其变动与货币政策最终目标实现关系密切。

③基础货币。该中间目标可由中央银行直接控制，其变动将引起货币供给总量变动并影响货币政策最终目标的实现。

④存款准备金。该中间目标一般易为中央银行测度、控制。

3. 货币政策工具

（1）一般性货币政策工具。

①贴现政策。贴现政策这一货币政策工具的使用主要表现为中央银行改变贴现利率。中央银行提高或降低贴现利率使得商业银行或其他金融机构向中央银行借款的成本发生了变化，从而渐次影响基础货币投放量、货币供应量与其他经济变量。贴现政策最大的优点是中央银行可以通过它来发挥最后贷款人的作用。在特殊情况下，中央银行还可以运用贴现政策来调整信贷结构，贯彻产业政策。贴现政策的缺点如下：第一，当贴现利率被确定时，市场利率的变动将不可避免地会引起贴现利率与市场利率之间的差额频繁波动，从而导致贴现贷款和货币供给量波动，结果使得货币供给难以控制。第二，中央银行不能完全控制贴现贷款的数量变动，原因在于尽管中央银行可以改变贴现利率，但不能命令商业银行来借款。第三，贴现政策对中央银行来说，“宣示效应”既有利也有弊，因为中央银行变动贴现利率的行动可能被市场错误理解。此外，贴现政策运用起来不如公开市场操作灵活方便。

②公开市场操作。公开市场操作是指中央银行为了影响货币供给量、市场利率而在金融市场上公开买卖有价证券的行为。公开市场操作的效果主要通过调节市场利率、影响银行体系的准备金和货币供给量来实现。公开市场操作的优势如下：第一，中央银行进行公开市场操作能完全控制交易量。第二，公开市场操作可以进行灵活、精确的交易。第三，在公开市场操作中，中央银行可以容易地改变交易方向。第四，公开市场操作可以迅速执行。当然，公开市场操作的上述优势要变为现实并不是无条件的，这个条件就是发达的金融市场。

③法定存款准备金政策。法定存款准备金政策是指中央银行凭借法律授权，规定和调整商业银行的法定存款准备金率，左右商业银行信贷规模，借以改变货币乘数，增减货币供给量，进而影响整个国民经济。法定存款准备金政策的优势如下：第一，法定存款准备金政策的采用与否，主动权在中央银行。第二，中央银行变动法定存款准备金率能对货币供给量产生迅速、有力、广泛的影响。第三，中央银行变动法定存款准备金率，作用于所有银行或存款式金融机构，对于银行而言，较为客观、公平。第四，中央银行采用存款准

备金政策受外界干扰较少，存款准备金率的高低变动即可较好地体现中央银行的政策意图。其缺点是对货币供给量的作用过于猛烈且缺乏弹性，政策预期效果还在很大程度上受制于银行体系的超额存款准备金的数额。

（2）选择性货币政策工具。选择性货币政策工具主要有消费者信用控制、证券市场信用控制、不动产信用控制、优惠利率。

（3）其他货币政策工具。

①直接信用控制。直接信用控制是指中央银行运用行政命令等方式对金融机构尤其是商业银行的信用活动直接进行控制。直接信用控制的主要方式有信用分配、利率限制、流动性比率。

②间接信用控制。间接信用控制包括道义劝告和窗口指导。

4. 货币政策的传导机制

（1）凯恩斯学派的货币政策传导机制理论。凯恩斯学派认为，货币政策发挥作用的途径主要有货币与利率之间的关系，即流动性偏好途径；利率与投资之间的关系，即投资利率弹性途径。

（2）货币学派的货币政策传导机制理论。货币学派认为，货币供给是名义国民收入的基本决定力量。货币学派的货币政策传导机制中货币供应量是决定性因素。

（3）两者的主要分歧。凯恩斯学派十分重视利率在货币政策传导机制中的作用；而以弗里德曼为代表的货币学派认为，货币政策的影响主要是因为货币供应量超过了人们所需要的真实现金余额，从而直接影响社会支出和货币收入。

凯恩斯学派认为，投资对产量、就业、国民收入产生直接影响，货币对国民收入等因素产生间接影响。货币学派认为，货币供应量的变动与名义国民收入的变动有直接联系。

凯恩斯学派认为，传导机制首先是在金融资产方面进行调整（货币市场和资本市场），之后引起投资增加，再通过投资乘数的作用，增加了消费和国民收入，最后影响到商品市场。货币学派认为，传导机制可以同时在货币市场和商品市场发挥作用，受其影响的资产包括金融资产与真实资产。

（4）货币政策时滞。影响货币政策实效的因素有很多，如货币政策时滞、货币流通速度、微观主体预期等诸多政治经济因素。这里主要介绍货币政策时滞。

货币政策时滞是指货币政策从研究、制定、实施到实现其全部效应的时间过程。货币政策时滞一般由内部时滞和外部时滞组成。

5. 货币政策与财政政策

货币政策是中央银行运用各种政策工具调节货币供求以实现宏观经济目标的策略和措施的总称，财政政策是政府为了达到预期的宏观经济、社会发展目标而确立的财政方针、准则和措施的总称。两者都属于通过作用总需求以影响宏观经济的政策。货币政策作用于总需求，一般通过中央银行或货币当局调节货币存量的方式进行；财政政策作用于总需求，一般通过政府控制政府支出和改变税收的方式进行。这两种政策都是国民经济发展的重要政策，两者之间既有联系又有区别，各自都发挥着重要作用，缺一不可。

6. 国际收支与货币政策

国际收支，即一国居民在一定时期内与非居民之间的全部经济交易的系统记录。

（1）国际收支平衡表。国际收支平衡表是指一国按照国际货币基金组织规定的格式，把一定时期（通常为一年）所有的对外经济交易活动系统记录、分类列示。

其中，经常账户差额+资本与金融项目差额=外汇储备变动。

（2）外汇干预与中央银行。中央银行为了影响汇率而参与外汇市场交易，被称为外汇干预。中央银行干预外汇市场的目的是改善一国国际收支、促进经济增长、稳定汇率等。

中央银行对外汇市场干预可以划分为非冲销性外汇干预和冲销性外汇干预。

（3）开放经济下的货币政策。在开放经济下，我们通常采用蒙代尔-弗莱明模型来探讨资本完全流动下货币政策的实施效果。所谓的资本完全流动，就是该国可以自由出入国际金融市场。

7. 中国人民银行的货币政策

（1）中国人民银行的货币政策目标。

①货币政策最终目标。《中华人民共和国中国人民银行法》规定，货币政策目标是保持货币币值的稳定，并以此促进经济增长。

②货币政策中间目标。我国中央银行货币政策中间目标主要有货币量、贷款量和利率三类指标。其中，货币量指标主要是货币供应量、现金、基础货币和准备金。

（2）中国人民银行货币政策工具。中国人民银行货币政策工具主要有存款准备金政策、再贷款与再贴现政策、公开市场操作、常备借贷便利。

二、重点难点分析

本章的主要内容是货币政策的制定与实施的相关知识。本章的重点难点如下：

（1）货币政策的目标是本章的重点内容。货币政策的最终目标有四个：物价稳定、充分就业、经济增长和国际收支平衡。四个最终目标不可能同时满足，最终目标之间存在着矛盾。货币政策的最终目标的实现是一个需要不断调整的渐进的过程，因此有必要选取货币政策的中间目标。货币政策的中间目标的选取标准有可测性、可控性、相关性。主要的中间目标有利率、货币供给量、基础货币和存款准金等。

（2）货币政策工具是本章的重点内容。学生需要掌握的重点难点是一般性货币政策工具，即贴现政策、公开市场操作、法定存款准备金政策的作用途径、特点以及近年来我国中央银行货币政策工具的具体操作等。此外，货币政策工具还有选择性货币政策工具和其他货币政策工具，如选择性货币政策工具包括消费者信用控制、证券市场信用控制、不动产信用控制和优惠利率，其他货币政策工具包括直接信用控制、间接信用控制。

（3）货币政策传导机制是本章的重点难点内容。一国货币当局为实现其制定的货币政策最终目标，必须启用一定的货币政策工具作用于货币中间目标，适时适度地进行微调。这当中涉及各种中间环节相互间的有机联系及因果关系，涉及货币供给变动影响名义和实际变量的途径——货币政策传导机制。在西方，关于货币政策传导机制的分析一般分为凯恩斯学派的货币政策传导机制理论和货币学派的货币政策传导机制理论。学生要掌握的是凯恩斯学派的货币政策传导机制理论和货币学派的货币政策传导机制理论的基本内容，对两者的主要分歧加以掌握。凯恩斯学派与货币学派在货币政策传导机制理论上的分歧主要表现在以下三个方面：

第一，凯恩斯学派十分重视利率在货币政策传导机制中的作用；而以弗里德曼为代表的货币学派认为货币政策的影响主要是因为货币供应量超过了人们所需要的真实现金余额，从而直接影响社会支出和货币收入。

第二，凯恩斯学派认为，投资对产量、就业、国民收入产生直接影响，货币对国民收入等因素的影响是间接的。货币学派认为，货币供应量的变动与名义国民收入的变动有直接联系。

第三，凯恩斯学派认为，传导机制首先是在金融资产方面进行调整（货币市场和资本市场），之后引起投资增加，再通过投资乘数的作用，增加了消费和国民收入，最后影响商品市场。货币学派认为，传导机制可以同时在货币市场和商品市场发挥作用，受其影响的资产包括金融资产与真实资产。

除了对两者主要的分歧加以掌握外，学生还要对货币政策的时滞加以掌握。货币政策的时滞是指货币政策从研究、制定、实施到实现其全部效应的时间过程。货币政策时滞一般由内部时滞和外部时滞组成。

（4）货币政策与财政政策是本章的重点内容。货币政策是中央银行运用各种政策工具调节货币供求以实现宏观经济目标的策略和措施的总称。财政政策是政府为了达到预期的宏观经济、社会发展目标而确立的财政方针、准则和措施的总称。两者的共性都是一国实施宏观调控、促进经济发展的主导政策，是宏观经济政策体系中的重要组成部分；都是通过影响社会总需求进而影响国民收入，都是属于需求管理政策；两者的目标具有一致性，即都是服从并服务于政府的宏观经济总目标；两者必须协调配合、综合使用，才能取得比较好的政策效果。两者之间的区别在于：两者作用的侧重点不一样，两者在实施不同类型的政策时效果不一样，两者采用的调控方式的性质不一样，两者的政策时滞不一样。

财政政策和货币政策往往需要取长补短、搭配使用，才能取得最佳的调控效果。搭配方式主要有四种：松财政、松货币，紧财政、紧货币，紧财政、松货币，松财政、紧货币。

（5）国际收支对货币政策的影响是本章的重点内容。学生要重点掌握国际收支平衡表包含哪些项目、中央银行进行外汇干预以及开放经济下的货币政策。

（6）本章要求学生掌握中国人民银行的货币政策，主要包括货币政策的最终目标、中间目标以及中国人民银行货币政策工具。

三、习题练习

（一）单项选择题

1.（　　）一般是中央银行货币政策的首要目标。

A. 充分就业　　B. 经济增长

C. 国际收支平衡　　D. 稳定物价

2. 货币政策时滞，即（　　）。

A. 内部时滞　　B. 外部时滞

C. 货币政策制定过程　　D. 货币政策制定和实施等的时间过程

3. 在投资需求对利率敏感程度很高而货币需求对利率敏感程度很低时，货币政策通常（　　）。

A. 很有效　　B. 较为有效

C. 无效　　D. 可能有效

4. 货币学派把（　　）视为名义国民收入的基本决定力量。

A. 货币供给　　B. 货币需求

C. 货币流通　　D. 货币替代

5. 在常规性政策工具中，（　　）既可以调节信贷结构，又可以防止金融恐慌。

A. 法定存款准备金政策　　B. 公开市场操作

C. 再贴现与再贷款　　D. 优惠利率政策

6. 由于能够对货币供给量及经济产生巨大的震动性而被西方经济学家喻为"更像巨斧而不像小刀"的一般性货币政策工具是（　　）。

A. 法定存款准备金政策　　B. 公开市场操作

C. 再贴现政策　　D. 再贷款政策

7. 流动性比例管理应属于（　　）。

A. 一般性货币政策工具　　B. 直接信用控制

C. 间接信用控制　　D. 选择性货币政策工具

8. 在货币政策目标体系中，宏观性由强到弱的正确次序是（　　）。

A. 操作指标、中介目标、最终目标

B. 中介目标、操作指标、最终目标

C. 中介目标、最终目标、操作指标

D. 最终目标、中介目标、操作指标

9. 在货币政策四大目标中，（　　）两大目标之间是一致的，不存在冲突性。

A. 经济增长与充分就业　　B. 物价稳定与充分就业

C. 经济增长与物价稳定　　D. 物价稳定与国际收支平衡

10. 在一般性货币政策工具中，（　　）既可以调节利率水平，又可以调节利率结构。

A. 再贴现政策　　B. 公开市场操作

C. 法定存款准备金政策　　D. 再贷款政策

11. 选择性货币政策工具包括（　　）。

A. 法定存款准备金政策　　B. 再贴现政策

C. 公开市场业务　　D. 证券市场信用控制

12.（　　）可以作用于货币乘数实现调控货币供应量。

A. 法定存款准备金政策　　B. 公开市场业务

C. 再贴现政策　　D. 以上各项都不是

13. 中央银行在公开市场上抛售有价证券，意味着货币政策（　　）。

A. 放松　　B. 收紧　　C. 不变　　D. 不确定

14. 提高住房购买贷款的首付比例，属于货币政策工具中的（　　）。

A. 直接信用调控　　B. 间接信用调控

C. 选择性货币政策工具　　D. 一般性货币政策工具

15. 从支出单位改变支出水平到对整个社会的生产和就业产生影响的过程是(　　)。

A. 传导时滞　　B. 作用时滞

C. 决策时滞　　D. 认识时滞

16. 中央银行意图保持基础货币水平稳定而进行的公开市场操作属于（　　）。

A. 进攻型公开市场操作　　B. 主动型公开市场操作

C. 防卫型公开市场操作　　D. 中性公开市场操作

17. 中央银行的回购协议是指（　　）。

A. 中央银行的证券购买附有证券的售出方在短期内将证券购回的协议

B. 中央银行的证券出售附有在短期内将证券从购买方购回的协议

C. 暂时性地收紧市场流动性

D. 特别适合中央银行进攻型公开市场操作

18. 使用法定存款准备金率政策来管理货币供给和调节利率的缺点是（　　）。

A. 法定存款准备金率对商业银行的约束作用越来越弱

B. 变动法定存款准备金率会给商业银行带来不确定性

C. 提高法定存款准备金率可能导致商业银行出现严重的流动性问题

D. 以上各项都正确

19. 中央银行打算在短期内增加银行体系的基础货币，可以实施（　　）。

A. 回购协议　　B. 逆回购协议

C. 买长卖短　　D. 买短卖长

20. 中央银行打算调节市场利率，可以（　　）。

A. 调整法定存款准备金率　　B. 进行公开市场操作

C. 调整贴现政策　　D. 中央银行无法调节市场利率

（二）多项选择题

1. 货币政策时滞中的内部时滞可以分为（　　）。
A. 决策时滞　　B. 认识时滞
C. 行动时滞　　D. 作用时滞
E. 控制时滞

2. 货币学派的货币政策传导机制涉及（　　）等相关要素。
A. 准备金　　B. 货币供应量
C. 金融资产　　D. 价格
E. 名义国民收入

3. 货币政策的中间目标的选择标准有（　　）。
A. 相关性　　B. 可控性
C. 可测性　　D. 流动性
E. 安全性

4. 紧缩的货币政策实施的手段主要包括（　　）。
A. 提高法定存款准备金率　　B. 提高再贷款利率
C. 提高再贴现率　　D. 出售政府债券
E. 增加公开市场的货币投放

5. 选择性货币政策工具包括（　　）。
A. 直接信用控制　　B. 消费者信用控制
C. 证券市场信用控制　　D. 不动产信用控制
E. 优惠利率

6. 再贴现率的特点是（　　）。
A. 短期利率　　B. 官方利率
C. 长期利率　　D. 基准利率
E. 以上各项都是

7. 属于选择性货币政策工具的是（　　）。
A. 制定耐用消费品首付比例　　B. 优惠利率
C. 法定保证金比率（证券市场）　　D. 不动产信用控制
E. 回购协议

8. 在一般性货币政策工具中，缺乏弹性或灵活性的货币政策工具是（　　）。
A. 公开市场操作　　B. 利率管制
C. 再贴现政策　　D. 法定存款准备金政策
E. 消费者信用控制

9. 货币政策一般包含的内容有（　　）。
A. 货币政策目标　　B. 货币政策的作用过程
C. 货币政策效果　　D. 货币政策工具
E. 货币政策的措施目标

10. 中央银行的货币政策工具包括（　　）。

A. 一般性货币政策工具
B. 特殊性货币政策工具
C. 选择性货币政策工具
D. 直接信用控制
E. 间接信用指导

11. 国际收支平衡表一般包括（　　）。

A. 经常项目
B. 资本与金融项目
C. 平衡项目
D. 资产项目
E. 资金项目

12. 中央银行采取公开市场操作，是因为（　　）。

A. 中央银行能够完全控制交易量
B. 公开市场操作可以进行灵活、准确的交易
C. 中央银行可以比较容易地改变操作方向
D. 公开市场操作可以迅速执行
E. 公开市场操作并不要求金融市场是很发达的。

13. 中央银行进行公开市场操作的基本形式有（　　）。

A. 进攻型公开市场操作
B. 防卫型公开市场操作
C. 暂时性交易
D. 非暂时性交易
E. 以上各项都是

14. 货币政策和财政政策的共性有（　　）。

A. 都是属于需求管理政策
B. 都是服从并服务于政府的宏观调控总目标
C. 都是宏观经济政策体系中的重要组成部分
D. 都是采用直接调控的方式
E. 都有相同的政策时滞

15. 货币政策和财政政策的区别有（　　）。

A. 货币政策侧重结构调节，财政政策侧重总量调节
B. 在实施扩张性政策时，财政政策更加有效；在实施紧缩性政策时，货币政策更加有效
C. 货币政策的内部时滞较短，财政政策的内部时滞较长
D. 货币政策的外部时滞较长，财政政策的外部时滞较短
E. 货币政策属于直接调控宏观经济，财政政策属于间接调控宏观经济

（三）名词解释

1. 货币政策

2. 货币政策的中间目标

3. 货币政策工具

4. 贴现政策

5. 公开市场操作

6. 法定存款准备金政策

7. 直接信用控制

8. 货币政策时滞

9. 货币政策传导机制

10. 国际收支平衡表

（四）判断与分析题

1. 利率是最理想的货币政策目标。（　　）
2. 凯恩斯学派认为，货币供给增加会使得总产出增加。（　　）
3. 凯恩斯认为，货币政策传导机制在任何情况下都是适用的。（　　）
4. 货币学派以利率为中心，认为货币政策传导机制中利率是决定性因素。（　　）
5. 公开市场操作的优势变为现实是没有条件限制的。（　　）

（五）简答题

1. 什么是货币政策？货币政策的最终目标、中间目标有哪些？

2. 一般性货币政策工具有哪些？其特点如何？

3. 货币政策的中间目标的选择标准是什么？

4. 我国中央银行货币政策的中间目标有哪些？

（六）论述题

1. 论述货币政策最终目标是否能够同时满足，为什么？

2. 论述凯恩斯学派和货币学派的货币政策传导机制，并比较两者的主要分歧。

3. 货币政策和财政政策都是用以实现宏观经济目标的策略和措施，两者既有联系又有区别，请阐述两者之间的关系，分析宏观经济处于不同状态时国家应该如何使用货币政策和财政政策。

四、参考答案

（一）单项选择题

1. D	2. D	3. B	4. A	5. C	6. A	7. B	8. D	9. A	10. B
11. D	12. C	13. B	14. C	15. B	16. C	17. A	18. D	19. A	20. B

（二）多项选择题

1. BC	2. ABCDE	3. ABC	4. ACD	5. BCDE
6. ABD	7. ABCD	8. CD	9. ACD	10. ACDE
11. ABC	12. ABCD	13. CD	14. ABC	15. BCD

（三）名词解释

1. 货币政策是指中央银行为实现国民经济的各种发展目标而进行的调控货币供给、信贷的活动。货币政策体系包括货币政策的最终目标、中间目标、政策工具和政策的传导机制四个部分。

2. 为了及时发现问题、及时调整，以确保最终目标的实现，避免偏差干扰，防止出现“来不及进行调整”的被动局面，中央银行就必须根据其可能使用的货币政策工具所作用的金融变量，制定出短期、量化、能够观测、便于日常操作的金融指标，适时适度地进行微调。作为短期目标的可量化的金融变量就是货币政策的中间目标，它们是中央银行货币政策最终目标得以实现的不可或缺的中介和桥梁。

3. 货币政策工具是指中央银行为谋求货币政策最终目标实现而对货币供给量、信用量所使用的调控手段。它们包括一般性货币政策工具、选择性货币政策工具和其他货币政策工具。

4. 贴现政策是指通过贴现利率的改变影响贴现贷款和基础货币量，从而影响货币供给。其特点是中央银行可以通过它来发挥最后贷款人的作用；在特殊情况下，中央银行还可以运用贴现政策来调整信贷结构，贯彻产业政策。其缺点如下：第一，宣示效应不明确，即可能被错误理解。第二，当贴现利率被确定时，市场利率的变动将引起贴现利率与市场之间的差额频繁变动，从而导致贴现贷款和货币供给量波动，结果使得货币供给难以控制。第三，中央银行不能完全控制贴现贷款的数量变动。第四，贴现政策不如公开市场操作灵活方便。

5. 公开市场操作是指中央银行在金融市场上公开买卖有价证券的行为。公开市场操作的效果主要通过调节市场利率、影响银行体系的准备金和货币供给量来实现。公开市场操作具有如下优势：第一，中央银行进行公开市场操作能完全控制交易量。第二，公开市场操作可以进行灵活、精确的交易。第三，在公开市场操作中，中央银行可以容易地改变交易方向。第四，公开市场操作可以迅速执行。当然，公开市场操作的上述优势要变为现实并不是无条件的，这个条件就是发达的金融市场。

6. 法定存款准备金政策是指中央银行凭借法律授权规定调整商业银行法定存款准备金率。法定存款准备金政策具有如下优势：第一，法定存款准备金政策的采用与否，主动权在中央银行。第二，中央银行变动法定存款准备金率能对货币供给量产生迅速、有力、广泛的影响。第三，中央银行变动法定存款准备金率作用于所有银行或存款式金融机构，对于银行而言，较为客观、公平。第四，中央银行采用存款准备金政策受外界干扰较少，可以较好地体现中央银行的政策意图。

7. 直接信用控制是指中央银行运用行政命令等方式对金融机构尤其是商业银行的信用活动直接进行控制。

8. 货币政策时滞是指从研究、制定、实施到实现全部效应的时间过程。货币政策时滞包括内部时滞和外部时滞。

9. 一国货币管理当局为实现其既定的货币政策的最终目标，启用一定的货币政策工具，作用于货币政策的中间目标，并适时适度地进行微调。在这个执行货币政策的过程中，货币管理当局必然会涉及各种中间环节相互间的有机联系或因果关系，涉及货币供给变动影响名义和实际变量的途径——货币政策的传导机制。经典的传导机制有凯恩斯学派的货币政策传导机制和货币学派的货币政策传导机制。

10. 国际收支平衡表是指一国按照国际货币基金组织规定的格式，把一定时期（通常是一年）的所有对外经济交易活动系统记录、分类列示。

（四）判断与分析题

1. 错误。利率作为中央银行货币政策的中间目标已经有相当久远的历史，因为中央银行能够直接影响利率的变动，而利率的变动又能直接、迅速地对经济产生影响，利率资料也易于获取。在现实经济生活中，由于市场利率的复杂性、易变性以及利率调整的时滞性，特别是真实利率所具有不易测量的性质，这些都使得利率难以成为最理想的中间目标。

2. 正确。根据利率途径，扩张性货币政策会导致实际利率下跌，进而刺激投资支出，引起总产出水平上升。

3. 错误。凯恩斯认为，货币政策传导机制可能因为出现“流动性陷阱”而被堵塞，从而使货币政策无效。

4. 错误。凯恩斯学派以利率为中心，认为利率在货币政策传导机制中起到决定性作用。货币学派认为，货币供应量在货币政策传导机制中是决定性因素。

5. 错误。公开市场操作的优势要变为现实不是无条件的，这个条件就是发达的金融市场。具体来说，中央银行进行公开市场操作的金融市场必须具备相当的深度和广度，即必须存在足够多的可以进行交易的证券种类和数量，有健全的市场机制和众多的证券交易商以便于交易进行；否则，公开市场操作难以进行，更谈不上有效进行了。

（五）简答题

1. 货币政策，即中央银行为实现国民经济的各种发展目标而进行的调控货币供给、信贷的活动。货币政策的最终目标有物价稳定、充分就业、经济增长和国际收支平衡。货币政策的中间目标有利率、货币供给量、基础货币、存款准备金、通货膨胀指标等。

2. 一般性货币政策工具主要如下：

（1）贴现政策。贴现政策通过贴现利率的改变影响贴现贷款和基础货币量，从而影响货币供给。其特点是中央银行可以通过贴现政策来发挥最后贷款人的作用；在特殊情况下，中央银行还可以运用贴现政策来调整信贷结构，贯彻产业政策。贴现政策的缺点如下：第一，宣示效应不明确，即可能被错误理解。第二，当贴现利率被确定时，市场利率的变动将引起贴现利率与市场利率之间的差额频繁变动，从而导致贴现贷款和货币供给量波动，结果使得货币供给难以控制。第三，中央银行不能完全控制贴现贷款的数量变动。第四，贴现政策不如公开市场操作灵活方便。

（2）公开市场操作，即中央银行在金融市场上公开买卖有价证券的行为。公开市场操作的效果主要通过调节市场利率、影响银行体系的准备金和货币供给量来实现。公开市场操作具有如下优势：第一，中央银行进行公开市场操作能完全控制交易量。第二，公开市场操作可以进行灵活、精确的交易。第三，在公开市场操作中，中央银行可以容易地改变交易方向。第四，公开市场操作可以迅速执行。当然，公开市场操作的上述优势要变为现实并不是无条件的，这个条件就是发达的金融市场。

（3）法定存款准备金政策，即中央银行凭借法律授权调整商业银行法定存款准备金率。法定存款准备金政策具有如下优势：第一，法定存款准备金政策的采用与否，主动权在中央银行。第二，中央银行变动法定存款准备金率能对货币供给量产生迅速、有力、广泛的影响。第三，中央银行变动法定存款准备金率作用于所有银行或存款式金融机构，对于银行而言，较为客观、公平。第四，中央银行采用存款准备金政策受外界干扰较少，可以较好地体现中央银行的政策意图。

3. 一般而言，货币政策的中间目标的选择应考虑如下标准：

（1）可测性。可测性是指中央银行所选择的作为中间目标的金融变量的变动情况能够被迅速、准确地观测。或者说，中央银行能够迅速收集到反映这些金融变量变动情况的准确的数据资料，并据以进行有关定量分析。很明显，如果某一金融变量的变动情况无法被观测，那么将其作为中间目标就没有意义。

（2）可控性。可控性是指作为中间目标的金融变量能够被中央银行所控制。也就是说，中央银行能够运用货币政策工具，作用于这些金融变量，并能有效地控制其变动。

（3）相关性。相关性是指中间目标的变动与货币政策最终目标的实现存在密切的相关关系。或者说，中央银行对择定的货币政策中间目标进行调节控制，有助于货币政策最终目标的实现。

除了上述几个标准外，一些国家的中央银行还将抗干扰性、与经济金融体制的兼容性作为择定货币政策中间目标的标准。当然，在一国中央银行择定货币政策中间目标的实践活动中，一般都难以找到完全符合可测性、可控性、相关性等标准的金融变量。因此，一国中央银行只能从实际情况出发，尽量选择符合上述标准的中间目标。

4. 我国中央银行货币政策的中间目标主要有货币量、贷款量和利率三类指标。

（1）货币量指标。货币量指标主要包括货币供应量、现金、基础货币和准备金。

（2）贷款量指标。商业银行贷款量，即商业银行体系某一时点的贷款余额。由于其数据容易获得，与最终目标密切相关、准确性较高，并且中央银行对商业银行的信贷管理尚未完全过渡到间接调控，将其用作目前我国中央银行货币政策的中间目标适时适用。

（3）利率指标。我国中央银行货币政策的中间目标目前以货币量和贷款量为主要指标，利率指标为辅助指标。利率对经济和金融的调节作用取决于微观经济主体对利率变动的反应，而市场利率变动本身的合理性则取决于市场机制的健全程度。随着近年来利率市场化改革步伐加快，利率将在未来的货币政策工具中发挥越来越重要的作用。

（六）论述题

1. 中央银行货币政策最终目标之间的关系有一致的情况，比如充分就业与经济增长之间的关系就是如此，但并不总是这样。某些目标之间的关系是矛盾的，因此中央银行很难同时实现所有的最终目标。

（1）稳定物价与充分就业间的矛盾。一般而言，存在较高失业率的国家，中央银行有可能通过增加货币供给量、扩大信用投放等途径，刺激社会总需求，以减少失业或实现充分就业。但这样做往往在一定程度上导致一般物价水平上升，诱发或加剧通货膨胀。西方国家的经济学家曾运用菲利普斯曲线对此进行说明：通货膨胀率与失业率之间存在此消彼长的关系。换言之，失业率高时货币工资增长较慢，通货膨胀率就低；失业率低时货币工资增长较快，通货膨胀率就高。

因此，政府采取减少失业或实现充分就业的政策措施，就可能导致较高的通货膨胀率；反之，政府为了降低物价上涨率或稳定物价，就往往以较高的失业率为代价。中央银行在决定货币政策最终目标时，或者选择失业率较高的物价稳定，或者选择通货膨胀率较高的充分就业，或者在物价上涨率与失业率的两极间相机抉择，但一般都只能在物价上涨率和失业率的两极间寻求可以接受的组合点。

（2）稳定物价与经济增长间的矛盾。经济增长无疑能为稳定物价提供物质基础，但在现实经济生活中，经济增长与稳定物价之间却存在矛盾。一国在谋求经济增长的过程中，如果追求过快的增长速度而使货币供给、信用投放过量，则会导致一般物价水平上升，持续下去必然阻碍经济发展；一国为抑制持续上升的一般物价水平而实施提高利率等紧缩性货币政策，则可能因为抑制投资而影响经济增长。因此，中央银行难以兼顾经济增长与稳定物价。

（3）稳定物价与国际收支平衡间的矛盾关系。当一国物价水平相对稳定而别国出现通货膨胀，则意味着本国货币购买力相对提高，本国商品相对便宜，而外国商品相对昂贵。这样就会使本国出口增加、进口减少，最终仍将导致国际收支失衡或趋向失衡（顺差）。相反，当一国一般物价水平上涨，出现通货膨胀，而别国物价水平相对稳定，则意味着本国货币对内购买力降低，本国商品相对昂贵，而外国商品相对便宜。这样就会促使本国出口减少、进口增加，最终导致国际收支失衡（逆差）。在现实经济生活中，由于世界各国的经济情况都在发生着不同的且难以预测的变化，因此中央银行要同时实现稳定物价、国际收支平衡的双重目标并不是一件容易的事。

中央银行货币政策的最终目标间存在矛盾，一国中央银行在特定时期、特定的经济条件下，究竟以哪一个目标为宜，这无疑需要其全面考虑社会的政治经济情况，对各目标进行客观、审慎的比较权衡，之后才能做出决定。

2.（1）凯恩斯认为，货币政策发挥作用的途径主要有货币与利率之间的关系，即流动性偏好途径；利率与投资之间的关系，即投资利率弹性途径。

凯恩斯的具体思路是：货币需求突然增加后，利率首先下降；利率下降促使投资增加。如果消费倾向既定，则通过乘数作用，又可以促成国民所得增加。凯恩斯认为，增加货币数量既会影响物价，也会影响产出，但首先是影响产出（使之增长）。在达到充分就业后，即包括劳动力和其他生产资料在内的生产要素的潜力都被充分利用后，货币供给增加就只会影响物价。不过，凯恩斯还认为，在进一步分析时，如果考虑若干复杂因素，货币供给的增加引起有效需求的增加，一部分作用于就业量的增加，另一部分则作用于物价水平的提高。也就是说，在货币供给增加的过程中，并非当有失业存在时则物价不变，一旦达到充分就业，物价就随货币数量做同比例变动，而是在就业量增加的同时物价也逐渐上涨。凯恩斯的货币政策传导机制可概括为：

$$M_s\uparrow \rightarrow i\downarrow \rightarrow I\uparrow \rightarrow Y\uparrow$$

$$M_s\uparrow \rightarrow i\downarrow \rightarrow I\uparrow \rightarrow Y\uparrow \rightarrow P\uparrow$$

$$M_s\uparrow \rightarrow i\downarrow \rightarrow I\uparrow \rightarrow Y\uparrow \rightarrow \frac{Y}{P}\uparrow \rightarrow P\uparrow$$

式中，M_s 为货币供应量，i 为利率，I 为投资，P 为物价，Y 为收入。

货币学派认为，货币供给是名义国民收入的基本决定力量。与凯恩斯学派的以利率为中心的货币政策传导机制不同，货币供应量在货币学派的货币政策传导机制中是决定性因素。货币学派的货币政策传导机制可概括为：

$$R\uparrow \rightarrow M_s\uparrow \rightarrow A\uparrow \rightarrow C(I)\ \uparrow \rightarrow P\uparrow \rightarrow Y\uparrow$$

式中，R 为准备金，M_s 为货币供应量，A 为金融资产，C 为消费品，I 为投资品，P 为价格，Y 为名义国民收入。

货币学派的货币政策传导机制可以描述为假定从原先的完全均衡状态出发，中央银行为增加货币供应量而在公开市场上购入证券，银行体系的准备金增加，其放款能力也随之增强。这样商业银行就会通过降低利率增加放款与投资，货币供应量因此增加。在名义货币供应量增加的过程中，人们感觉相较于以前更为富有，从而开始将增加的货币转向价格尚未上涨的其他资产（金融资产或实物资产）；而实际资产需求的增加和价格的上涨又促使生产者增加生产，从而增加名义收入。生产增加、实际资产价格上涨将逐渐吸收多余的名义货币，使真实货币需要量与名义货币需要量趋于平衡。

（2）凯恩斯学派与货币学派在货币政策传导机制理论上的分歧主要表现在以下几个方面：

凯恩斯学派十分重视利率在货币政策传导机制中的作用；而以弗里德曼为代表的货币学派认为货币政策的影响主要不是通过利率间接地影响投资和收入，而是因为货币供应量超过了人们所需要的真实现金余额，从而直接影响社会支出和货币收入。

凯恩斯学派认为，投资对产量、就业、国民收入产生直接影响，货币对国民收入等因素产生间接影响。货币学派认为，货币供应量的变动与名义国民收入的变动有直接联系。

凯恩斯学派认为，传导机制首先是在金融资产方面进行调整（货币市场和资本市场），之后引起投资增加，再通过投资乘数的作用，增加了消费和国民收入，最后影响商品市场。货币学派认为，传导机制可以同时在货币市场和商品市场发挥作用，受其影响的资产包括金融资产与真实资产。

3.（1）货币政策是中央银行运用各种政策工具调节货币供求以实现宏观经济目标的策略和措施的总称。财政政策是政府为了达到预期的宏观经济、社会发展目标而确立的财政方针、准则和措施的总称。

两者的共同点如下：两者都是一国实施宏观调控、促进经济发展的主导政策，是宏观经济政策体系中的重要组成部分；都是通过影响社会总需求进而影响国民收入，都是属于需求管理政策；两者的目标具有一致性，即都是服从并服务于政府的宏观经济总目标；两者必须协调配合、综合使用，才能取得比较好的政策效果。

两者的不同点如下：两者侧重点不同。货币政策侧重总量调节，财政政策则侧重结构调节。

两者政策效果不一样。在实施扩张型政策时，财政政策会更加有效，货币政策则相对逊色；相反，政府实施紧缩型政策时，货币政策则有效得多，而财政政策会由于需要通过立法程序而耗时漫长，实施难度较大。

两者调控方式的性质不一样。由于财政收支活动是借助于国家权力进行的国民收入的分配与再分配，因此带有很强的行政色彩，更为直接；而货币政策则主要是借助于各种经济的、法律的、间接的手段来进行调控。

两者政策时滞不一样。一般来讲，由于财政政策在变动时，有关动议需要立法机关进行讨论、审批等相关程序，耗时较长，因此内部时滞较长。但是一旦动议通过，财政政策则会借助于行政手段即刻执行，因此外部时滞则较短。相反，对于具有相对独立性的中央银行来讲，其可以根据宏观经济形势、金融形势的判断分析，自行决定何时采取何种政策，因此内部时滞较短。但是因为货币政策的调控主要是采用非指令性的间接调控手段，其间要受到金融机构、企业、家庭、个人等受控客体自身行为的影响及金融市场因素的影响，所以导致外部时滞较长。

（2）当社会总需求严重不足而大大落后于社会总供给，通货严重紧缩，经济陷入深谷之时，松财政、松货币的政策搭配可以尽快刺激需求，带动经济快速回升。

当社会总需求大大超过社会总供给，通胀非常严重时，紧财政、紧货币的政策可以尽快减少总需求、抑制投资、遏制通胀，给过热的经济“降温”以及消除泡沫。但是这种搭配方式也可能带来阻碍供给增加，导致经济衰退的消极后果。

当通胀率不高但经济增长率较低的时候，政府可以采用紧财政、松货币的政策。

当通胀率较高但存在着较为严重的经济结构、产业结构失调情况的时候，政府可以采用松财政、紧货币的政策。

五、延伸阅读

继续坚持稳健的货币政策

2016 年 10 月 18 日，央行结合近期中期借贷便利（MLF）到期情况，对 20 家金融机构开展 MLF 操作共 4 620 亿元。其中，6 个月期 MLF 为 2 345 亿元、1 年期 MLF 为 2 275 亿元，利率均与上期持平，分别为 2.85%和 3.0%。此前的 10 月 13 日，央行曾开展了 3 010 亿元 MLF。在续做 MLF 操作的同时，央行在公开市场上灵活搭配使用 7 天、14 天和 28 天逆回购操作，调节市场短期流动性。

常态化的“逆回购+MLF”操作，再加之其他流动性调控工具的使用，央行在向市场净投放不同期限流动性，保持银行体系流动性合理充裕的同时，也进一步释放了继续坚持稳健货币政策的信号。

2016 年以来，稳健的货币政策为经济增长、供给侧结构性改革创造了良好的金融环境，有力地支持了经济发展。数据显示，2016 年前三个季度，我国国内生产总值同比增长 6.7%，国民经济运行总体平稳，好于预期。

在经济稳健增长的背后，是金融的有力支持。央行公布的金融数据显示，2016 年 9 月末，广义货币（M2）余额为 151.64 万亿元，同比增长 11.5%；狭义货币（M1）余额为 45.43 万亿元，同比增长 24.7%。初步统计，2016 年前三个季度社会融资规模增量为 13.47 万亿元，比 2015 年同期多 1.46 万亿元。其中，对实体经济发放的人民币贷款增加 10 万亿元，同比多增加 1 万亿元。2016 年 9 月新增人民币贷款为 1.22 万亿元，新增社会融资规模为 1.72 万亿元，均超出市场预期。其中尤为引人关注的是，2016 年 9 月新增企业贷款迅猛回升远超预期，由 8 月的 1 209 亿元激增至 9 月的 6 182 亿元，且以中长期贷款为主，这说明企业投资类贷款需求明显增加。

一系列经济金融数据表明，在经济下行压力依然较大的背景下，稳健的货币政策创造了适宜的货币环境，在适度扩大总需求、坚定不移推进供给侧结构性改革、引导良好发展预期方面，发挥了重要的作用。

当前，我国执行的依然是多目标的货币政策。货币政策既要稳增长、防通胀，又要促改革、防风险。在国际国内经济金融环境错综复杂的环境下，继续坚持稳健的货币政策，依然是未来一段时间宏观调控的总基调。

继续实施稳健的货币政策，是推进供给侧结构性改革的需要，是落实“三去一降一补”五大重点任务的需要。推进供给侧结构性改革，需要良好的货币金融环境。这就要求货币政策既不能“放水刺激”，也不能过于收紧。中国人民银行副行长范一飞在谈及企业降杠杆时表示，降杠杆过程中需要适当的货币政策环境。范一飞强调，如果过度宽松，会造成全社会的债务规模在高位继续攀升，降杠杆很难实现；如果过紧，又可能使经济增长滑出合理区间，同样不利于降杠杆。因此，货币政策将继续坚持稳健的基本取向，保持灵活适度，适时预调微调，为降杠杆营造适宜的货币政策环境。实际上，这对货币政策的调控艺术提出了很高的要求，拿捏好稳健的“度”至关重要。

的确，货币政策多目标间也存在两难或多难的矛盾，这给货币政策增加了不少约束因素。此前央行在二季度货币政策报告中指出，仍会关注房价上涨、洪灾和预期对通胀的影响，并强调了降准对汇率的潜在冲击。该报告表示，若频繁降准会大量投放流动性，促使市场利率下行，加上其信号意义较强，容易强化对政策放松的预期，导致本币贬值压力加大，外汇储备下降。降准释放的流动性越多，本币贬值预期越强，就越会促使投机者拿这些钱去买汇炒汇，由此形成循环。因此，该报告强调，需要关注政策工具运用中可能产生的资产负债表效应，密切关注内外部形势的发展变化，保持货币金融环境中性适度，促进资产负债平衡和经济金融平稳运行。

实际上，中国人民银行货币政策委员会 2016 年第三季度例会强调，继续实施稳健的货币政策，更加注重松紧适度，灵活运用多种货币政策工具，保持适度流动性，实现货币信贷及社会融资规模合理增长。

继续坚持稳健的货币政策，除了灵活操作保持市场流动性合理充裕外，关键的步骤是推动货币政策框架转型，完善货币政策传导机制，畅通传导渠道，提高央行的市场利率调控能力，一方面要逐步形成以政策利率为基础的新货币政策框架，有效发挥政策利率信号；另一方面要有效引导资金流向，警惕“资产热”而“实体冷”的矛盾，坚决纠正“脱实向虚”。

继续坚持稳健的货币政策，要进一步深化金融体制改革，提高金融运行的效率和服务实体经济的能力。继续坚持稳健的货币政策，要寓改革于调控中，进一步推进利率市场化和人民币汇率形成机制改革，保持人民币汇率在合理均衡水平上的基本稳定。继续坚持稳健的货币政策，要改善和优化融资结构与信贷结构，提高直接融资比重，降低社会融资成本。

与此同时，自进入新常态发展阶段后，防范和化解各层次的金融风险将成为未来一段时间货币政策的重要任务。建立并不断完善宏观审慎管理，是防范和化解系统性风险的必要机制。这需要进一步完善宏观审慎政策框架，强化对顺周期、跨市场风险及风险传染的分析研判，有效防范和化解系统性金融风险，切实维护金融稳定。

［资料来源］赵洋. 继续坚持稳健的货币政策［N］. 金融时报，2016-10-24（2）.